현대맨으로 세상을 누벼온 34년의 이야기!
등대 없는 바다를 날다

현대맨으로 세상을 누벼온 34년의 이야기!

등대없는 바다를 날다

음용기 지음

이야기꽃

머 리 말

현대에서의 34년은 사실상 내 인생의 전부였다고 해도 지나치지 않을 것이다. 성인이 되어 사회생활을 현대에서 시작했으며 내 인생의 정점 또한 현대에서 있었기 때문이다. 인생 전체에서 그 기간은 일부이지만 인생의 가장 역동적인 시대와 중·장년의 시대를 관통한다는 점에서 '그것은 내 인생'이라고 할만하다.

내가 현대에서 세계라는 큰 바다를 누비던 시절은 신생 대한민국이 세계를 무대로 그 활동영역을 급속히 넓혀가면서 '한강의 기적'을 일구어 나가던 시절이다.

그 때 우리들 세대가 가진 것은 젊음이 전부였다. 큰 전란을 겪은 후여서 실무 경험도 없었고, 우리에게 일을 가르쳐 줄 선배도 없었다. 그러나 우리는 새로운 일을 찾아 도전해 나가는 데 주저함이 없었다. 월남의 전쟁터에서, 미지의 대륙 아프리카에서, 열사의 땅 중동에서도 우리들은 젊음의 투지를 바탕으로 숱한 난관을 극복해 가며 새로운 시장을 개척해 나갔다.

등대 없는 바다를 누비며 초대형 선박을 팔았고, 대형 건설공사를 수주했고, 선진국이 독점했던 자동차를 수출했다. 그 때 우리나라가 벌어들인 외화가 지금의 대한민국 경제를 이만큼 만들어 놓은 토대가 되었다는 사실에 우리세대의 일꾼들은 자부심을 느끼지 않을 수 없다.

지금 생각하면 우리에게 어떻게 그처럼 큰 용기가 생겼는지 신기할 정도다. 기본적인 역량이나 제반 여건이 결정적으로 불리한 상황에서도 세계적인 대형사업에 뛰어들어 난관을 하나하나 극복해 가면서 이룩한 성과는 현대의 구성원들이 가진 과감한 도전정신의 결과라 할 것이다.

우리에게 어렵지 않은 시대는 없었다. 언제나 힘들었고 끊임없이 경계하고 경쟁해야 했다. 그런 가운데 우리는 살아남아야 했고, 나아가서 발전해야 했다. 이 책은 개인의 업적을 말하는 것이 아니라 나와 같은 세대가 함께 겪어온 지난날들을 회고하고, 압축성장 과정을 조명해 보는 또 하나의 부분 또는 분야에 대한 기록이라 할 수 있다.

나는 이 책에서 전하는 '리얼 스토리'가 젊은이들이 지금 우리가 누리는 성장의 열매를 보다 의미 있게 이해하는 데 도움이 되고, 나아가서 앞선 세대의 강한 의지와 도전 정신이 그들에게 이어졌으면 하는 바람이다.

끝으로 현대에서의 긴 여정에 함께 해 주고 큰 힘이 되었던 선배와 동료 여러분에게 경의를 표하고 현대라는 자랑스러운 조직의 일원으로 일 할 수 있었던 행운에 감사한다.

2009년 8월 음용기

차례

머리말   4

1
첫 직장, 현대건설   11
월남, 전쟁터에서의 1년   22
현대의 창조적 개척정신으로 무장되다   32
결혼한 독신들   44
알래스카 허리케인 브리지 사건   50
런던, 세계적인 기업으로의 도약거점   58
세계일등 선박용 엔진메이커의 출발점   71

2
일본을 꺾고 중동시장을 열다   77
'본사'를 팔아 아프리카에서 대어를 낚다   84
나이지리아 교통부와의 마무리 담판   94
아스리 조선소 공사 수주   102
사우디아라비아 해군기지 공사 수주   111
사상 최대의 주베일 산업항 프로젝트 수주전쟁 전말   118

3
새로운 길을 찾아 나서다   133
'전무후무'한 컨테이너 전용선 수주   142
김포공항 출국장에서 체결한 선박건조계약   145
고대도시 알렉산드리아 상륙   151
에프플로이야 VS 라스코   157

합동작전의 개가, BBSL의 RORO선 수주	172
현금 대신 주권(株券)을 받은 계약	187
통 큰 대통령과 노회한 대통령	193
US라인 프로젝트의 교훈	196
일주일간의 런던 국제상사중재위원회 증인출석	202

4

현대미포조선 사장으로 치른 혹독한 신고식	211
통영만의 해상철수 작전	222
포니 자동차의 동구권 첫 진출	226
한국 최초의 해외공업단지 조성사업	233
동토의 땅, 소련진출	238
현대종합목재의 개선	250
되지 않는 사업, 솔로몬 군도 원목개발사업 정리	260
15년 송사, 미국 덴버 법정에서 마침표를 찍다	266

5

1992년 대통령선거를 되돌아보다	275
유일했던 일터, 현대와의 이별	292
스탠퍼드로 떠나다	297
60세에 도전한 벤처, 이노티브	304

에필로그 - 나의 삶, 나의 여정	314
맺는 말	332

현대에 입사하면서 나로서는 포기해야 하는 것도 있었다. 공직자생활에 뜻을 두고 입학했던 서울대학교 행정대학원을 2학기만 마친 채 포기하고 만 것이다. 아쉬운 일이었지만 건설회사 신입사원으로서 학업을 계속한다는 것은 무리일 수밖에 없었다. 특히 입사 이듬해에 월남현장근무 발령이 나면서 대학원 및 공직생활에 대한 꿈은 종지부를 찍을 수밖에 없었다. 그것은 곧 내가 현대건설에 모든 것을 걸었다는 것을 의미하는 것이기도 하다.

첫 직장, 현대건설

나의 현대건설과의 인연은 1966년 5월, 입사를 위한 면접으로 시작되었다. 그날 면접장에서 면접시험관으로 나온 정인영 부사장(한라그룹 창업주)과 박영욱 부장(현대중공업 사장 역임)은 몇 가지 질문을 던진 끝에 경리부 일을 해보지 않겠냐고 물었다. 하지만 당시 내가 원했던 것은 단 한 가지, 해외로 나갈 기회를 갖겠다는 것이었다. 현대건설에 지원한 이유도 바로 그 때문이었다. 나는 그 사실을 그 자리에서 분명히 밝혔고, 그러자 바로 영어에 능숙한 정 부사장이 영어로 자기소개를 해볼 것을 주문했다. 다행히 나는 학창시절부터 영어에 익숙해 있었고, 특히 연락장교 근무시절에 영어를 다듬었던 터라 당황하지 않고 잘 대응할 수 있었다. 그날 면접으로 내가 근무할 부서가 현대건설 '외국공사부'로 정해졌고, 그것이 현대맨으로서의 첫 출발이었다.

그 해 현대건설의 직원 수는 380명 정도였고, 총 매출액은 15억 8천만 원이었다. 비록 큰 규모는 아니었지만 회사에는 긴장과 에너지가 넘치고 있었다. 당시 현대는 6.25 전쟁을 계기로 주한미군의 공병단이 발주하는 각종 시설공사 시공경험을 통해 공사역량을 축적한 상태였고, 1966년에는 이미 태국 고속도로 공사와 월남 준설공사를 수주하였는가 하면 이듬해에는 현대자동차를 설립하여 포드 자동차와 합작계약을 체결하는 등 대기업집단의 밑그림을 그려가고 있을 때였다. 벌써 방콕, 사이공, 쿠알라룸푸르, 홍콩 등지에 지점을 운영하고 있을 정도로 국제화도 시작되고 있었다. 그 같은 현대의 거대한 밑그림은 정부가 야심 차게 추진 중이던 '제2차 경제개발 5개년 계획'과 맞물려 있었다. 1인당 GNP가 고작 299달러에 불과한 전형적 후진국인 대한민국의 경제개발과 함께 현대도 가파른 성장의 틀을 다지고 있었던 것이다.

내가 현대건설에 입사하게 된 데에는 두 가지가 크게 작용했다. 내가 가진 영어회화 능력을 활용할 수 있는 기회를 잡을 수 있다는 것 하나와 대가족의 장남이라는 책임감이었다. 특히 군대에 간 동생의 죽음은 맏이로서

가족에 대한 책임을 통감하게 되는 계기가 되었다.

내가 제대를 6개월쯤 앞두고 동생 면회를 간 날, 동생은 정문보초를 서고 있었다. 그런데 그날 동생의 얼굴은 병색이 완연했다. 누가 봐도 정상적인 상태가 아니라는 것을 알 수 있을 정도였다.

장교신분이었던 나는 바로 그 곳 당직 장교를 찾아가 소리를 질렀다.

"얘가 지금 이 지경인데, 어떻게 당직을 세울 수 있습니까?"

당직 장교는 그때서야 위급상황을 파악하고 바로 앰뷸런스를 부르는 등 한바탕 소동을 피우고 있었다. 동생은 그날 밤 창동의 야전병원으로 이송되었다. 그러나 이미 위독한 상태였다. 입대 전부터 건강이 썩 좋지 않았음에도 신체검사에 합격처리 되어 무리하게 입대 한 까닭이었다. 야전병원에서 응급조치를 취한다음 다시 후송되어 간 곳은 서울의 수도육군병원. 그러나 그곳에서의 검사결과는 직장암이었다. 입대하기 전에 동생은 도금하는 공장에서 일한 적이 있었다. 그 곳에서 중금속에 노출되어 병을 얻은 모양이었다. 수술을 시도하기는 했지만, 이미 손을 쓸 수 없는 상태까지 진행되어 있었다. 그날 이후 병원을 수시로 찾아갔지만 내가 할 수 있는 일은 동생 옆을 지키며 위로의 말을 건네는 것뿐이었다. 그리고 며칠 후 동생은 눈을 감고 말았다. 그때 장례를 치르면서 흘린 눈물은 내가 평생 흘릴 수 있는 눈물 거의 전부였다.

만기제대를 앞 둔 1965년 가을부터 1966년 4월까지를 나는 그렇게 비통한 심정으로 보냈다. 바로 손아래였던 동생이 집안 살림을 돕겠다고 나섰다가 허망하게 떠난 것은 나에게 슬픔 못지않은 참담함이었다. 그래서 해외에 나가 더 많은 돈을 벌어보자고 현대건설에 지원했던 것이다.

현대에 입사하면서 나는 공직자 생활에 뜻을 두고 입학했던 서울대학교 행정대학원을 2학기만 마친 채 포기해야 했다. 아쉬운 일이었지만 건설회사 신입사원으로서 학업을 계속한다는 것은 무리일 수밖에 없었다. 특히 입사 이듬해에 월남현장근무 발령이 나면서 대학원 및 공직생활에 대한 꿈은 종지부를 찍을 수밖에 없었다. 그것은 곧 내가 현대건설에 모든 것을 걸었다는 의미이기도 했다.

당시 현대건설에서 받은 월급이 약 2만 환쯤이었던 것으로 기억된다. 월급도 월급이었지만 무엇보다 푸짐했던 회사급식이 기억에 남는다. 이는 현대그룹의 독특한 기업문화 중 하나로 먹는 것에 대한 풍족함이었다. 종업원들에게 될 수 있는 한 최대한 잘 먹여야 한다는 것이 창업주인 정주영 회장의 생각이기도 했다. 부조리에는 더 없이 엄격했으나 먹고 마시는 데에는 더없이 너그러운 분위기는 식당에서 필요한 주요 식자재 조달을 정주영 회장의 부인 변중석 여사가 직접 관여한 데서도 엿볼 수 있다. 직원들을 위해 청운동 자택이나 마북리 농장에서 자주 불고기 파티를 열었던 것도 그같은 분위기에서 기인했을 것이다.

잘 먹는 것보다 더 절실한 것이 없던 시절이었다. 특히 꼭두새벽부터 일하는 건설현장 근로자에게는 더 말할 나위가 없었다. 현대건설은 교도소에서 막 출소한 사람들에게도 건설현장에 와서 일할 수 있게 해 주었고, 그리고 무조건 배불리 먹였다. 그 무렵 열심히 일하면 잘 먹을 수 있다는 믿음은 현대뿐만 아니라 대한민국 발전의 중요한 원동력이었다. 그래서 잘살기 위해서가 아니라 우선 먹고 사는 근본문제부터 해결하기 위해 그 시절의 우리는 최선을 다해 살았다.

당시 '외국 공사부'는 착공한 지 얼마 되지 않은 태국과 월남의 건설현장에서 필요한 중장비와 기자재 그리고 현장 근로자에게 필요한 식자재를 조달하는 일을 주로 맡고 있었다. 여기서 공사지원 업무를 맡아 근무한 지 1년여가 지난 1967년 7월, 마침내 나에게 해외 진출의 기회가 찾아왔다. 월남의 캄란(Cam Rahn) 주택건설사업 현장 근무 명령을 받은 것이다. 비록 첫 외국 근무지가 전쟁이 한창인 위험지역이기는 했지만, 드디어 해외로 나간다는 사실보다 기쁘고 중요한 일은 없었다. 내가 현대건설에 입사하게 된 동기, 그 염원이 이루어졌기 때문이다.

캄란 공동주택단지 건설사업은 베트콩 출몰지역으로부터 주민을 격리해 거주시킴으로써 미군 측의 군사작전을 용이하게 하기 위한 공사로 공사금액이 4백 70만 불이나 되는 큰 규모였다. 나는 그곳에서 일반 관리, 즉 총무 업무를 맡았다.

우리는 현장의 군용 천막으로 된 임시 사무실 안에서 호롱불을 켜놓고 밤늦도록 일했다. 현지인 근로자들을 채용하고 나트랑(Nha Trang) 공항에 속속 도착하는 한국 기능근로자들을 직접 인솔해 오고 생활용품을 조달하는 등 하루하루가 현지에서 근무하는 모두에게 바쁜 일과의 연속이었다. 벌채가 끝난 현장에 사무실과 숙소를 짓는 일 역시 미룰 수 없는 일이었다.

당시 우리는 미군 측과 맺은 계약조건에 의해 건설공사에 필요한 자재 및 건설장비는 모두 미군 측으로부터 무상으로 제공 또는 임대를 받아 사용하고 있었다. 그러다 보니 당장 해결해야 할 시급한 문제가 하나 있었다.

모든 관급 기자재는 캄란 군수기지사령부 창고에서 수송해 와야 하는데, 전시 중 미군부대 출입은 엄격한 통제를 받고 있었다. 특히 현지에서 채용한 월남인 운전기사들에게 군부대 출입증을 만들어주는 것이 여간 까다로운 일이 아니었다.

고심 끝에 하나의 묘안을 생각해냈다. 한국인 운전기사들이 사용하는 출입증을 자세히 보니 미 육군 양식으로 된 면허증이기는 했지만 결정적으로 사진이 필요 없는 증명서였다. 게다가 당시 월남에서는 한국군과 미군이 모든 문서양식을 공유하고 있었다. 덕분에 나는 백마사단 30연대에서 군의관으로 있는 친구에게 부탁하여 양식을 얻어내 출입증을 직접 만들어 사용하는 것으로 기자재 반입 문제를 해결할 수 있었다.

사이공 지점과 각 현장 간의 왕래는 대부분 미군 수송기에 의존했다. 탑승에 필요한 출장서 양식도 스텐실 수동 인쇄기를 이용해 만들 수 있는 간단한 문서여서, 이 문제도 같은 방법으로 해결했다. 전쟁터이다 보니 모든 통제가 어수선하고 허술한 빈틈을 적절하게 이용하여 그때그때 닥친 문제를 해결해 나간 것이다.

그러나 월남인 운전기사를 채용함으로써 생기는 문제가 또 하나 있었다.

현대건설에 입사한 이유가 해외진출이었던 나의 첫 해외 근무지는 월남이었다.

그들의 신원을 상세하게 파악할 수 없다 보니 의외의 불상사가 생기기도 했던 것이다.

공사가 한창 진행되던 어느 날 아침, 소장이 불러서 나가 보니 화가 잔뜩 난 소장이 앞에 서 있는 한국인 운전기사에게 크게 야단을 치고 있었다. 사실 기능직 사원 관리는 총무인 내 소관이었다.

"이 친구 물차가 간밤에 감쪽같이 사라졌어. 야 음 총무, 너 당장 가서 찾아와! 알았어?"

대형 물 운반차량이 없어졌다는 이야기였다. 그 차량도 임대해온 미 국방성 재산이므로 분실하면 당연히 우리가 보상해야 하는 것이었다. 그러니 소장으로서는 열을 낼 만도 했다. 성질이 불같은 야전 사령관의 지시이니 좌우간 찾아나서야 했다. 수소문한 끝에 밤사이 잠적한 기사가 있다는 사실과 그가 차량을 훔쳐갔다는 심증을 갖게 되었다.

당시 우리 현장 직원숙소 바로 옆에는 한국군 30연대에서 파견 나온 1개 소대가 상주하고 있었다. 주월 사령부 특명에 의한 자국민 보호조치였다. 그들은 통상 일선에서 전공을 세우고 그 보상으로 다음 작전에 투입될 때까지 후방근무를 하고 있었는데 숙식은 우리 현장에서 책임지고 있었다. 마침 그 소대의 소대장이 ROTC 후배였다. 나는 소대장에게 자초지종을 설명하고 협조를 부탁하여 경무장한 고참하사관 두 명을 지원받았다. 즉시 우리는 월남 통역을 앞세워서 수색에 나섰다.

우리는 잠적한 운전기사의 집이 있는 '판라트' 라는 소도시 쪽으로 차를 몰았다. 가는 길에 의심 가는 마을은 겁 없이 들어가 수소문도 마다하지 않았다. 이를 두고 후에 월남 경찰로부터 호된 질책을 받았다. "언제 어디서 베트콩이 나타날지 모르는 곳에서 어떻게 그렇게 무식한 짓을 할 수 있냐." 는 것이었다. 몇 개의 작은 마을을 지나 초저녁 무렵이 되어서야 야자나무가 우거진 마을에 들어섰다. 그리고 그 마을에서 문제의 운전기사 집을 알아냈다. 그 운전기사는 마을에서도 손버릇이 안 좋기로 이미 소문이 난 유명인사였다. 하지만 정작 사람과 차는 흔적도 없었다. 그렇다고 그대로 물러설 수도 없었던 터라 우리는 근처 경찰서를 찾아가 상황을 잘 설명하고 자동차를 찾아주면 큰 금액으로 보상하겠다는 약속을 하고 돌아왔다. 우리가 할 수 있는 최선의 방법이었다.

그런데 며칠 후 경찰서로부터 연락이 왔다. 찾을 가능성이 크지 않다고 생각한 것에 비하면 아주 빠른 반응이었다. 경찰서로부터 연락을 받자마자 달려가 보니 진한 초록색 물탱크차가 경찰서 마당에 서 있었다. 운전기사가 원래 회색이었던 차를 새로 도색한 후 사이공으로 빠져나가다 잡혔다는 것이었다. 우리가 차를 찾게 된 것은 무엇보다 경찰에게 약속한 두둑한 사례금 덕이었다. 어쨌거나 그 길로 트럭을 회수했고, 사건은 마무리 되었다.

우리는 현장에 있으면서 근처에 주둔한 한국군 (백마사단)의 덕을 톡톡히 보았다. 무엇보다도 경비소대의 상주로 현장 인원 모두가 심적 안정감을 갖고 근무할 수 있었고, 우리 식성에 맞는 식재료와 곡물 그리고 간식으로 인기가 많은 야전전투식량 (C Ration)을 어렵지 않게 조달할 수 있었다.

연일 뜨거운 날씨가 계속되는 현장에서 맥주와 콜라 등 각종 음료를 미군 PX 매장에서 대량으로 매입하여 부족함 없이 실비로 공급받을 수 있었던 것도 큰 도움이 되었다. 미군 PX 책임자는 안 팔리는 OB맥주만 사주면 우리가 원하는 종류의 음료수는 모두 공급해 주었다. 뿐만 아니라 의료 지원까지 받을 수 있었다. 우리 현장에는 별도 의료시설이 없었기 때문에 그때 의무부대의 도움은 아주 중요할 수밖에 없었다. 당시 부대 의무장교로 있던 고교 동창 한 대위(현재 불광동 한성훈 치과의원 원장)의 도움이 컸는데, 그때 진 빚은 귀국하는 장병들이 개인사물을 본국에 보내는 데 필요한 귀국박스를 만들어 주는 것으로 어느 정도 보답할 수 있었다.

월남, 전쟁터에서의 1년

　1960년대 중반, 현대는 월남에서 메콩강 삼각주 준설공사와 캄란 소도시 건설공사 그리고 세탁용역사업 등을 펼치고 있었다. 특히 준설사업은 현대가 처음으로 해외에 진출하여 큰 성공을 거둔 사업으로 이는 이후 국내에서 항만공사를 수주하는 데 아주 중요한 자산이 되었다. 주월 미군을 대상으로 하는 세탁사업 역시 1968년부터 3년 동안의 매출이 약 580만 달러에 이르러 태국 고속도로 공사 규모와 맞먹을 정도의 높은 수익성으로 효자 노릇을 톡톡히 했다.

　이처럼 현대의 여러 사업들이 월남에서 성공할 수 있었던 데는 미군과의 유대관계가 절대적이었다. 무엇보다 현대는 이미 국내에서 주한 미 공병단이 발주한 수많은 공사를 성공적으로 끝내면서 많은 경험과 공신력을 확보하고 있었다. 더구나 월남전에 참가한 미군은 주월 한국군에게는 물론 그

곳까지 와서 열심히 일하는 한국 민간 사업자에게도 호의적인 태도로 많은 도움을 주었다. 한국 회사들 대부분이 미군 측이 대여해 준 장비를 사용하고 있었으며 현장 작업자 전체가 똑같은 작업복을 입고 있었기 때문에 자연스럽게 군속에 준하는 용역 종사자로서의 대우를 받을 수 있었다. 당시 사이공 지사나 본사와의 통신에 주로 미 군용비행기와 미군 부대 안에 설치된 군사용 전화선을 이용한 것이나 미군 영내의 식당과 PX 이용, 기술 인력의 지원, 심지어 현장에서 사용되는 휘발유까지 무료로 공급 받을 수 있었던 것도 모두 미군 측의 호의적인 태도에서 비롯된 것들이었다.

공사는 계획대로 진행되고 있었지만 그렇다고 월남에서의 생활이 태평스러운 것만은 아니었다. 그곳은 베트콩 게릴라가 수시로 출몰하는 전쟁지역으로 언제 어디서 어떤 일이 터질지 짐작할 수 없는 곳이었기에 늘 불안감과 긴장감을 안고 살아야 했기 때문이다.

1968년 2월 중순, 구정 휴가기간을 계기로 월남전의 클라이맥스라고 할 수 있는 월맹군의 총공세가 있던 어느 날, 막 저녁식사를 마친 시간에 갑자기 현장 숙소 가까운 곳에서 진동하는 폭발음과 함께 불길이 솟고 기관총

쏘는 소리가 요란하게 들려왔다. 현장을 향해 공격을 해오는 듯한 총소리였다. 우리와 같은 비무장 민간 근로자에게는 그야말로 무서운 상황이었다. 순간 사람들은 놀라 삽시간에 흩어져 밖으로 뛰어 나오거나 침대나 책상 밑으로 기어 들어갔다. 휴식 중이던 경비소대는 야전 군인답게 즉각 신호탄과 조명탄을 쏘아 올리는 동시에 전투요원들은 서둘러 무장을 갖추고 지정된 경비참호를 향해 달려 나갔다.

긴박한 상황 속에서 얼마의 시간이 지났을까. 갑자기 주위가 폭풍전야처럼 조용해졌다. 그 순간 내 머릿속에서는 다음에 벌어질 일들이 그려졌다. 폭탄을 터뜨리고 기총소사를 한 다음, 베트콩이 우리 현장을 포위하고 쳐들어올 것이다. 생각이 그쯤에 이르자 정말 여기서 꼼짝없이 당하는 것은 아닌가 하는 두려움이 나를 휘감았다. 다른 사람들도 나와 비슷한 생각을 했는지 숙소건물을 빠져 나와 야적된 목재더미를 덮고 있는 대형천막 밑으로 기어들어가고 있었다. 나도 그들을 따라 그 쪽으로 가서 천막 밑자락을 들어 올렸다. 하지만 그 곳은 이미 더 들어갈 틈도 없었다. 그러나 마땅히 숨을만한 곳도 없었기에 천막의 맨 끝자락을 겨우 잡고 납작 붙었다. 내가 이미 숨어 있는 사람들을 보호해 주는 모양새였지만 밖에 있는 것보다는 그래도 안전지대라는 생각이 들었다. 머리맡에는 큰 각목 두 개를 가로 세웠다. 각목 아래로 머리를 숙이면 총알을 직통으로 맞지는 않을 거라고 생각한 것이다.

하지만 천막 밖 세상에서는 우리가 기대(?)하는 그 어떤 상황도 벌어지지 않고 있었다. 다만 그 사이 연대본부에서 보낸 기갑부대가 장갑차를 앞세우고 현장에 출동하여 방어선을 구축하고 전투에 대비하느라 소란스러울 뿐이었다. 소강상태가 계속되자 경비소대장은 우리 근로자들 중 군 경력자들을 중심으로 자체 경비요원을 모집했다. 그리고 몇 명에게 수류탄과 소화기 등을 지급하며 공격에 대비했다. 불안과 초조 속에 다시 한참의 시간이 지났다. 그러나 전투상황은 끝내 일어나지 않았다.

그날 이른 아침 상황파악을 위해 나는 현장을 바삐 둘러보았다. 그리고 새로운 사실을 확인할 수 있었다. 어제의 폭음이 대포공격에 의한 소리가 아니라 자재창고와 근로자 숙소에 투척한 다이너마이트 묶음이 터진 소리였던 것이다. 목조건물의 문틀과 지붕에 폭발한 흔적이 분명했다.

흥미로운 것은 다이너마이트가 터지기 직전에 현지인 통역들과 주방담당 근로자가 모두 사라졌다는 사실이었다. 그들은 베트콩의 공격을 사전에 알고 벌써 대피했던 것이다. 베트콩들은 구정 공세의 일환으로 월남 전역에 걸쳐 세를 과시하느라, 민간 현장인 우리 작업장에는 가벼운 경고성 포격을 한 것이었다.

나중에 생각해 보니 베트콩 공격보다 목재더미 바닥 틈새에 숨어 있던 일이 훨씬 더 위험스런 일이었다. 그때 만약 그 큰 자재더미가 쏟아져 내리기라도 했다면, 생각만 해도 아찔한 일이 벌어졌을지도 모를 일이다.

어느 날에는 현장 북쪽 400고지 뒷산 정상에서 붉은 깃발이 발견되어 또 한바탕 소란을 피우기도 했다. 대낮에 붉은 기가 나타났으니 인근에 주둔한 연대 전체에 당장 비상이 걸리면서 연대소속 기갑부대가 APP장갑차를 포함한 105미리 야포 부대를 앞세우고 출동했다. 그리고 산을 향해 쉴 새 없이 포탄을 퍼부었다. 한편 공중에서는 폭격기가 동원되어 붉은 깃발 주변을 집중 사격하고 있었다. 말 그대로 목표지점을 초토화시키고 있었다. 이어서 중대규모의 보병부대가 정글을 헤치며 산 정상으로 올라가기 시작했다. 헬리콥터에 탄 부대지휘관은 공중에서 마이크로 부대를 지휘하는 한편 월남어로 적군의 투항을 유도하는 선무 방송을 하고 있었다.

대규모 작전이 벌어지고 있는 동안 우리는 모두 일손을 놓고 긴장과 불안

속에 전투상황을 구경하고 있었다. 사실 불안보다는 영화에서 흔히 보던 전투장면을 직접 보게 된다는 기대와 호기심이 더 컸는지도 모른다. 그런데 보병부대가 출동하고 한참이 지났는데도 산 위에서는 한 방의 교전소리도 들려오지 않았고, 정상에 꽂혀 있던 붉은 깃발도 보이지 않았다. 그리고 어둠이 찾아올 무렵, 산으로 올라갔던 군인들이 내려오기 시작했다. 그런데 그들의 차림새는 방금 전 전투를 치른 야전군의 모습이 아니었다. 올라갈 때의 모습 그대로였던 것이다. 정상에 올라간 우리 국군과 베트콩 사이에 격렬한 전투가 있을 것으로 기대했던 우리로서는 맥이 빠지는 일이었다. 아마 군인들도 같은 심정이었을 것이다.

 이유는 바로 밝혀졌다. 붉은 깃발은 베트콩의 깃발이 아니라, 미군이 장비를 공중 투하할 때 식별용으로 사용한 낙하산이었는데 바람에 날려 와 그곳에 걸린 것이었다. 한바탕의 해프닝이 그렇게 끝났다.

 건설현장에서 자재 분실은 가장 골치 아픈 일이다. 그런데 문제는 현장에서 그런 일은 심심치 않게 일어난다는 것이었다. 그날도 현장에 각종 자재가 부족하다는 현장소장들의 볼멘 목소리가 들려왔다.

"음 총무, 자재가 모자라는데 언제 들어와요?"

"엊그제 충분히 들어왔는데 왜 벌써 부족하다는 겁니까?"

"우리가 그걸 어떻게 압니까?"

공사현장과 야적장 그리고 숙소, 식당 등 부대시설을 합해 약 1만 5천 여 평을 사용하고 있었는데, 당시 숙소 경비는 한국군이 맡고 있었지만 현장의 야간경비는 현직 경찰관들을 일종의 아르바이트로 채용해 쓰고 있었다. 때문에 우리로서는 야간 상황을 의심할 수밖에 없었다.

"왜 이렇게 많은 자재가 없어집니까?"

경비경찰 책임자에게 물었다.

"글쎄요. 우리가 생각해도 수상하기는 한데, 아무래도 야간에 물건들을 빼내가는 사람들이 있는 것 같습니다."

그러면서 현장 밖 언덕에 시선을 주었다. 무언가 내용을 알고 있는 듯했다.

경비경찰이 시선을 두었던 곳을 자세히 살펴보니 현장 아래쪽 낮은 언덕에 있는 판잣집 수십 채가 눈에 들어왔다. 그 동안 우리는 그저 '피난민이 와서 사나 보다' 하고 크게 눈여겨보지 않았는데, 새삼 수상한 생각이 들었다. 그래서 경찰을 대동하고 직접 가 보았다. 그런데 역시 그곳은 피난민이 사는 곳이 아니었다. 현장에서 빼내온 각종 자재들을 임시 보관하는 창고였던 것이다. 이들 자재를 이들은 언덕 아래의 개울 물길을 통해서 야간에 속속 실어 내고 있었다. 조직적인 절도행각이었다. 그날 판잣집에 쌓여 있던 자재들을 모두 회수하고, 야간경비를 보강하는 것으로 사건을 수습할 수 있었다.

당시 전쟁터인 월남에서 진행된 현대의 사업들은 수익성이 아주 좋았다. 하지만 모든 해외사업이 수익성이 좋았던 것은 아니어서 비슷한 시기에 진행되던 태국 고속도로 공사의 경우는 큰 어려움에 처해 있었다. 제대로 진척이 되지 않는 적자사업이었던 것이다. 그럼에도 불구하고 현대는 월남에서의 수익을 과감하게 투입하여 고속도로 공사를 성공적으로 마무리했다. 현대의 이러한 자세는 태국 정부나 발주처인 IBRD의 인식을 완전히 바꿔 놓게 되었다. 이는 곧 현대가 해외건설업계에서 공신력 있는 건설시공업체로 자리매김하는 중요한 계기가 되었다.

월남전 후에 새 시장으로 부각된 괌(Guam)에서 미 해군성이 발주한 각종군 관련 시설공사를 현대가 따낼 수 있었던 것도 그때의 공신력이 크게 작용한 결과였다. 이처럼 현대가 전쟁터 월남에서 거둔 성공은 여러모로 큰 의미를 갖는다. 무엇보다 우리 현대인 모두에게 일에 대한 자신감과 회사에 대한 자부심을 심어주는 일이었고, 또 한편으로는 한국인과 한국기업의 무한한 성장 잠재력을 유감없이 보여주었기 때문이다.

내 개인적으로도 첫 해외 근무지인 월남에서 얻은 것이 많았다. 익혀둔 영어 덕분에 현지 월남인과는 물론 발주기관과의 소통을 무난하게 할 수 있었고, 많은 근로자의 숙식과 후생 등의 문제를 원만하게 처리했다는 자긍심도 갖게 되었다. 그 덕분이었는지 입사 후 1년 6개월 만에 현지에서 과장대리로 승진하였고, 급여도 해외수당 덕분에 적지 않게 받을 수 있었다. 또한 결정적으로 월남에서의 강도 높은 현장경험은 내가 현대에서 뿌리를 내리는 데 중요한 자양분이 되었다.

1968년 여름, 캄란의 주택공사가 마무리되고 주민들의 입주식이 끝나면서 나는 귀국길에 올랐다. 도착하던 날, 할머니는 우리 큰 손자가 살아 돌아왔다며 울음을 터뜨리고 말았다. 전쟁터에 나가 있는 나 때문에 가족들이 얼마나 노심초사 했는지를 말해주는 할머니의 울음이었다.

주택사업으로 엄청난 수익을 올리게 되면서 회사에서는 우리에게 특별 보너스까지 주었다. 덕분에 나는 백색전화(자동연결식)를 구입할 수 있었다. 전화도 그랬지만 월남의 PX에서 사온 텔레비전 역시 갖고 있는 집이 귀해서 저녁이면 우리 집 대청은 동네 사랑방 노릇을 했었다. 이 모두가 해외근무 덕이었다. 그리고 그때 월남에서 근무했던 사람들을 중심으로 현대라는 울타리 안에서 그리고 전쟁터에서 맺은 인연이 씨가 되어 '월우회'라는 모임을 만들어 지금까지 인연을 이어가고 있다.

월남에서 복귀한 얼마 후, 나는 정주영 사장 비서실로 발령 받았다.

현대의 창조적 개척정신으로 무장되다

정주영 사장 비서실에서 근무한지 10개월 만에 나는 다시 외자재 수입 및 통관, 보세 운송 등 주로 시간을 다투는 업무를 취급하던 수입부로 발령 받았다. 수입부는 무엇보다 유연한 대처능력과 강한 추진력을 필요로 했는데, 나는 다행히 월남 근무를 통해 어느 정도 익숙해져 있었다. 스스로 해법을 찾아야 하는 전쟁터의 현장체험이 나를 단련시켜 준 것이다.

당시 수입부는 정인영 현대건설 부사장이 설립한 현대양행(한라그룹의 전신)이라는 무역회사에 소속된 부서로 현대건설 현장에 필요한 기자재 수입이 주 업무였다. 특히 1968년 1월 착공된 경부고속도로 공사용 건설 장비와 기자재, 수리 부속품의 수입을 도맡고 있었다.

도쿄지사로 발령받은 전임 조양래 과장(현대자동차서비스 사장 역임)은 일본 비자를 기다리는 동안 나에게 몇 가지 유의할 점을 귀띔해 주었다.

무엇보다 오퍼상(외국회사의 판매대리인)들의 납품가 담합이나 뇌물을 조심하라는 얘기였다.

나는 이 점을 엄격히 지켜나갔다. 거래 업체들이 주는 선물은 무조건 거절했고 불가피하게 받은 설탕표 등 선물은 모아서 직원들에게 공평하게 나누어 잡음이 없도록 했다. 납품업자가 밥값을 부담하는 외식은 더욱 안 되는 금기사항이었다. 불가피한 경우에는 반드시 회사공금으로 처리하고, 그렇지 않으면 회사 식당을 이용했다. 따라서 납품업체들은 다른 데 신경 쓸 것 없이 경쟁적인 가격과 납기 제시에만 집중하게 되니 오히려 편하다고 했다. 물론 회사로서도 접대하는 것이 결과적으로 더 이익이었다. 그 때문에 현대는 납품업체 식사 접대비를 회사 예산으로 처리하는 것이 당연시 되었다.

경부고속도로 공사가 본격화 되면서 수입부도 눈코 뜰 새 없이 바쁘게 돌아갔다. 장비들 역시 쉴 틈이 없었다. 장비 한 대에 운전기사 2, 3명을 붙여 교대로 근무하며 24시간 체제로 가동했기 때문이다. 공기단축을 위해 공사를 전투하듯 밀어붙였던 것이다. 그러다 보니 예방정비나 정기정비는 사실상 불가능했다. 게다가 기사들이 새로 투입된 많은 신형 수입 장비를 다루는 솜씨도 미숙하고 작업환경도 열악했다. 그러다보니 새 장비가 중고 노후 장비가 되는 것은 시간문제였다. 결국 수리를 위한 부속이 엄청나게 필요할 수밖에 없었다.

이는 현대건설의 공사현장에서는 필연적으로 생길 수밖에 없는 문제였다. 정주영 회장이 항상 강조했던 것처럼 건설업은 시간과의 전쟁이었기 때문이다. 일찍 시작해서 일찍 끝내면 이익이 남고, 이유여하를 막론하고 공기가 지연되면 그건 적자요 실패라는 것이었다. 그러니 조금이라도 시간 여유가 있고, 날씨 등 여건이 괜찮을 때 최대한 공사를 밀어붙여야 했다. 공사 진행속도를 결정하는 것은 결국 중장비의 가동률에 달렸다. 장비 가동률을 높이기 위해서는 필요한 수리 부속의 적기 도입 역시 필수적이었다.

경부고속도로 건설사업은 박정희 대통령이 관심을 쏟는 핵심사업이었다. 그래서 정주영 회장은 앞장서 이 공사를 밀어붙였다. 정 회장은 매주 일요일 아침마다 옥천 현장 사무소로 내려왔고, 그때 책임자들을 모아놓고 하는 첫 질문은 항상 똑같았다.

"이번 주에 얼마나 했어?"

그러나 매주 목표량이 과도했기 때문에 달성하지 못한 경우가 많았다. 이유는 대부분 장비 고장 탓으로 보고 되었다. 하지만 정주영 회장은 이미 자동차 수리사업 경험이 있었기에 차량정비에 관련된 일련의 과정을 누구보다 잘 알고 있었다. 정 회장은 어떤 고장인지, 필요한 부속은 무엇이고 구입 요청은 바로 했는지 확인에 들어갔다. 그 자리에서 아직 부속청구를 안 했다는 등 어물거리면 어떤 사태가 벌어질지 모두 잘 알고 있었다. 그러니 정 회장의 어떤 질문이 나와도 재빨리 그리고 자신 있는 답이 나와야만 했다. 매주 이런 일들이 반복되면서 부속품 조달 쪽으로 책임을 넘기는 일이 비일비재했다.

수입부가 이런 분위기를 고스란히 감당해야 했으니 그 고충이 클 수밖에 없었다. 게다가 외화부족에 시달리는 정부의 외환관리가 워낙 엄격하다 보니 수입업무 수속절차는 늘 복잡하고 까다로웠다. 현장에서 서빙고 중기공장을 통해 우리 수입부로 부속 청구가 들어오면 우리는 미국 부품상의 견적을 전문으로 받아 건설부의 수입허가 추천서를 받아야 했다. 그 추천서를 첨부해서 상공부의 수입허가를 받아야 했고, 수입 허가증을 가지고 외환은행에 가서 수입신용장을 열었다.

부품이 국내에 들어오는 절차도 간단치 않았다. 물건이 도착해 서울세관으로 보세운송이 되면(주로 항공화물 편) 통관수속을 밟는데, 서류심사와 실물감정을 거쳐야 했다.

일의 진행이 모두 시간과의 싸움이었다. 만약 비행기가 금요일 오후에라도 도착하면 꼼짝없이 월요일까지 기다려야 했다. 까다로운 절차는 우리 수입부 입장에서는 숨 막히는 일이었다. 주간 소장회의에서 고가의 장비가 고장이 나 서있고 그 이유가 수리 부속 도입이 늦어진 때문이라면, 말 그대로 우리 수입부는 쑥대밭이 되어야 했다. 그러니 담당자로서는 무슨 수를 써서라도 부속을 토요일 오후까지는 현장에 도착시켜야 했다. 그래서 우리는 부품이 공항에 도착하기 전부터 세관 담당자 옆에 붙어서 퇴근하지 못하도록 붙들어야 하는 경우도 종종 있었다. 정말 급할 때는 신용장 없이 샘플베이스로 수입하는 편법을 쓰기도 했다. 이른바 무한수입이라는 것이었다. 그나마 그런 제도가 긴급할 경우에는 유용하게 활용되었다.

한번은 정주영 회장이 미국에서 돌아오는 길에 '에어히터'를 구입해 보낸 적이 있었다. 2미터 길이에 무게만도 60킬로그램이 나갈 만큼 부피가 큰 장비 6기로, 이 장비를 이용하여 아스팔트 포장작업을 겨울철에도 강행하면 공기를 단축시킬 수 있다는 계산에서 가져온 것이었다. 그 장비가 들어오던 토요일 오후, 우리는 실제로 닫힌 정문을 넘어 들어가 담당 세관직원의 퇴근을 막고 하소연한 끝에 겨우 통관할 수 있었다. 다행히 경부고속도로 공사가 국가적인 대역사이고 수입하는 부품이 시중에 유출되지 않을 것이라는 신뢰가 있었기 때문에 고비마다 세관을 포함한 관련 공직자들이 적극적으로 협력해준 덕분이었다.

우리 담당직원들은 경험이 없어도 일단 맡은 일은 처리해야 했다. 위에서 "업무를 해결하지 못하면 회사에 들어오지 말라."는 지시까지 내리는 경우도 있었기 때문이다. 그럴 때면 너무한다고 눈물을 흘리는 직원들도 있었지만 그런 환경에서 결국은 스스로 일을 처리하는 법을 터득해가고 있었다. 그때 나는 복잡한 관련 법규를 숙지해야 했던 탓에 무역사 자격을 취득하기까지 했다.

일을 처리하는 것뿐만 아니라 새로운 법규를 만들거나 바꾸는 것도 우리가 해야 할 일 중의 하나였다. 그것은 모든 것이 처음인 상황에서 하지 않으면 안 될 일이기도 했다.

준설선 엔진 부속을 수입할 때의 일로 선적서류에 엔진 부속이라고 기재

되어 있었기 때문에 무려 80퍼센트의 수입관세가 부과되었다. 그저 엔진으로만 분류된 것이다. 하지만 엔진 세율은 승용차용 엔진부속 수입을 규제하는 차원에서 만들어진 것이었다. 관세법은 그것이 어떤 기계의 엔진이냐에 대해서는 규정하고 있지 않았던 것이다. 누가 봐도 불합리한 부과였다. 나는 재무부 관세국을 찾아가 전후 설명을 하며 문제제기를 한 끝에 유권해석을 받아낼 수 있었다. 그 후 준설선 엔진에 대해서는 선박부품에 해당되는 저율의 관세가 적용되도록 규정이 바뀌었다. 관련 법규를 꼼꼼히 체크하다 보니 현실에 맞지 않는 내용을 찾아냈고, 그것을 실정에 맞게 수정보완 시키는 일에 일조를 한 것이다.

수입부 요원들은 고속도로 공사를 성공적으로 수행하는 데 우리의 책임이 막중하다는 생각을 항상 하고 있었다. 그 책임감 때문에 나는 예비군 동원훈련 도중에 빠져나와 회사로 출근한 일도 있었다.

그 시절 예비군 훈련은 노는 것이나 다름없었다. 특히 장교 출신들에게는 더했다. 그런 마당에 목요일쯤 되니 회사 일이 궁금해서 견딜 수가 없었다. 만약 긴급조치를 요하는 업무가 미결인 상태에서 토요일에 출소하면 수습할 시간이 없게 되고, 일요일 소장회의에 참석하는 것도 걱정이 되었다. 결국 나는 금요일 오전 당직사관에게 중요한 일이 있다고 말하고는 훈련소에서 나와 회사로 출근했다.

당시 대한민국 최초의 고속도로 공사에 참여하고 있다는 것 그리고 단군이래 최대의 공사이고 또 최소의 비용으로 성공을 거두어야 한다는 긴박한 상황인식이 우리를 그렇게 만들었다.

고속도로 공사를 하겠다고 선언한 대통령, 또 정부나 전문가의 예상보다 훨씬 싼값에 하겠다고 나선 정주영 회장, 하루 해가 늘 모자라는 현장작업자들, 중장비 수리공까지 모두가 일반적인 사고로는 어떤 일도 할 수 없다는 것을 잘 알고 있었다. 이런 상황에서 우리 수입부에서 일하던 사람들의 사고와 행동 역시 전쟁을 치른다는 생각에서 벗어날 수 없었던 것이다. 이같은 일에 대한 도전과 열정이 바로 대한민국 압축성장의 밑거름이었다.

조립용 부품을 수입해 들여오면서 시간과 비용을 절감하는 일도 우리의 몫이었다. 사실 완성품은 값뿐만 아니라 운임 역시 비싸기만 했다. 무게나 부피가 엄청난 바이브레이터, 타워크레인 그리고 로드롤러 등의 기계가 특히 그랬다. 그 중 다이나팩(Dynapac)은 스웨덴에서 수입하는 땅 다지기용

롤러식 바이브레이터로, 우선 기계 값이 비싸고 납품기간까지 길었다. 때문에 국산화의 필요성이 절실한 장비였다. 곧 서빙고 공장에 국산화 지시가 떨어졌다. 지시에 따라 국산화할 수 없는 엔진을 비롯한 주요 부품만 수입하고, 기타 부품은 자체 조달 또는 제작하기로 결정되었다. 그것이 사실상 대한민국 건설 중장비 국산화의 첫발이었다.

그런데 문제가 생기고 말았다. 완제품을 수입해 가던 곳에서 자꾸 엔진 등 일부 부품만 수입해 가는 것을 이상하게 여긴 제작사에서 상황파악에 들어갔고, 결국 사실을 안 제작사는 더 이상 부품을 공급해 줄 수 없다는 통보를 해 온 것이다. 다행히 그때 우리는 이미 국산화의 가능성을 입증했고 자신감을 갖고 있는 시점이었다. 이런 노력들이 오늘날 우리나라를 세계 1등의 건설 중장비 생산국으로 발전시킨 불씨였던 셈이다.

긴급한 상황에서 돌파하는 힘은 누가 가르쳐준 것이 아니었다. 스스로 부딪치며 찾아낸 것이다. 2차세계대전에 이은 6.25 한국전쟁으로 정상적인 기업 활동이 전무하고 고급 전문 인력도 없는 상황에서 이런 난제들의 해법을 지도해 줄 선배나 참고할 기록이 있을 리 없었다. 우리가 취급한 기자재나 부품을 수입해 본 기업도 개인도 거의 없었다. 우리에게 닥친 난제는 대부분 우리가 처음 겪는 일이었고, 그래서 그 해결책은 우리 스스로 찾아 만들어야만 했다. 그런 업무의 특성 때문이었을까? 무역부(후에 수입부가 현대건설로 이관되며 무역부가 되었다.) 출신들은 다른 어떤 부서의 직원들보다도 적극적인 업무처리 역량과 성실성을 인정받아 현대그룹 최고경영진의 큰 축을 이루는 인재훈련소 같은 역할을 했다. 내가 모셨던 정희영 회장, 전임이었던 조양래 사장, 상사였던 박가경 회장, 후임인 이내흔 회장, 유철진 사장, 김동식 사장, 정계조 사장, 김영환 사장, 채수삼 사장, 윤장진 사장 등이 모두 무역부 출신이었다.

무역부는 무조건 깨끗해야 했다. 당연한 이야기인 듯 보이지만 돈과 관계되는 곳에서 자연스레 유혹이 따르게 되어있다. 하지만 부조리는 필연적으로 품질저하와 납기지연을 가져오고 뇌물을 받은 사람은 이를 문제 삼을 수 없게 된다. 게다가 납품 가격까지 올라간다. 물론 공정한 경쟁도 없다. 무엇보다 서로 깨끗하다는 회사 안의 상호신뢰는 모두가 일에 몰두하게 하는 힘을 가지고 있다.

한 참 후의 일이지만 우리가 런던지사에 근무할 때 숙소 겸 식당에는 텔레비전이 없었다. 그런데 얼마 지나지 않아 대형 텔레비전이 자리를 차지하고 있었다. 마침 모두 잉글랜드 프리미어 리그를 시청하며 빠져 있을 때, 텔레비전을 발견한 중역이 물었다.

"텔레비전이 어디서 나온 거요?"

"거래처에서 선물로 가져왔습니다."

당장 불호령이 떨어졌다.

"야 이 사람들아! 당신들은 자존심도 없어? 당장 갖다 주고 회사 돈으로 하나 구입해요!"

그만큼 현대에는 부조리가 통하지 않았다. 그것이 현대의 경쟁력이기도 했다. 정상적인 방법으로 투명하게 그리고 빠르고 값싸게 외자재를 조달했기에 우리가 업계에서 선두가 될 수 있었다고 믿는다. 대한민국에서 해외사업을 하면서 가장 먼저, 가장 막강한 해외 구매조직망을 운영한 기업이 현대그룹이었다. 그때 이미 현대는 도쿄, 런던, 샌프란시스코 등에 구매본부를 두고 직접 현지에서 구매활동을 벌이고 있었다. 다른 기업들이 주로 국내에서 대리점을 이용할 때 현대는 직접 현지에서 구매와 검수를 하고 경쟁적 운송편도 손수 수배하여 들여온 것이다. 선적서류를 최대한 빨리 입수하여 항공화물편이나 출장인력 편을 통해 보내는 일도 통관 업무를 빠르게 처리하도록 돕는 일이었다. 일부 직원은 외국어가 서툴렀지만 상관없었다. 정치 외교를 하는 것도 아니었고, 돈 주고 물건 사는 입장으로 납품하는 쪽에서 더욱 열심히 설명하기 때문이다.

결혼한 독신들

월남 공사가 끝나가면서 인력장비를 투입할 새로운 해외공사를 찾고 있을 즈음, 현대건설에 또 한 번의 기회가 찾아왔다. 미군이 오키나와 및 월남에서 철수하면서 미국 보호령인 괌이 태평양 전방사령부 기지가 되었고, 현대가 그곳의 각종 군 관련 프로젝트를 수주한 것이다. 처음에는 대형 안테나 타워 공사를 수주했고, 이어서 군인 및 가족용 숙소, 학교, 병원 등 복지시설 공사수주가 이어졌다. 그곳에서 현대는 미국 연방주택은행 자금을 이용한 주택건설 사업에도 본격적으로 진출했다.

괌에는 월남에서 현장경험을 쌓은 인력을 대폭 배치했는데, 나는 그곳에 외자과장으로 발령받아 들어갔다. 괌 공사는 '미 정부 발주 공사용 기자재는 미국산을 써야 한다.'는 소위 '바이 아메리칸 정책'(Buy American Policy)을 따르도록 규정되어 있었다. 당시 현대는 이미 샌프란시스코에 지점을 두고 이곳에서 괌 공사용 구매활동을 하고 있었는데, 그 업무량이 아주 많았다. 나는 일단 괌으로 가서 얼마간 현장파악을 한 다음 사이판 미 대표부에 가서 미국 입국비자를 받아 샌프란시스코로 부임했다.

괌 공사는 현대그룹의 성장에 몇 가지 중요한 성장 모멘텀을 제공했다. 우선 월남 현장경력을 가진 우수한 기술자와 관리요원 대부분을 괌에서 다시 한 번 기용할 수 있었다는 것이다. 그것은 큰 의미가 있었다. 월남 공사가 실질적으로 미 정부가 발주한 공사였고, 미연방정부 또는 미국 군대의 기술표준과 시방서에 따른 시공경험을 괌에서 그대로 사용할 수 있었기 때문이다.

괌에서 다양한 경험을 쌓은 것이 국제규격에 맞춘 공사의 시공관리 역량을 한층 더 높여 준 것은 물론이다. 그리고 새로운 도전에 맞설 의욕과 자신감을 갖게 해 주었다. 이는 1970년대 중반에 시작된 거대한 중동건설 시장에 진출하여 눈부신 성공을 거두는 결정적인 원동력으로 이어졌다. 이처럼 동남아 및 괌을 거쳐 중동에서 다양한 건설사업을 통하여 양성된 많은 고급 인력이 현대그룹을 세계적인 대기업으로 성장 발전시키는 데 중요한 역할을 한 것은 당연한 결과였다. 물론 그 성공이 쉽게 얻어진 것은 아니다. 모두 최악의 여건에서 최선을 다해 도전한 결과였고, 그 상황을 정면 돌파 할 줄 아는 담대함이 우리 모두에게 있었던 결과였다.

당시 샌프란시스코 사무실은 침실 2개가 있는 아파트였는데 지점장 외 3명이 근무하고 있었다. 식사는 거의 정해져 있었다. 점심은 바로 옆 가게의 햄버거로 해결했고, 아침·저녁은 자취생이나 다름없이 직접 지어 먹었다. 저녁때가 되면 한 사람이 텔렉스로 업무보고를 준비하고, 한 사람은 식사를 준비했다. 식사를 한 다음에는 텔렉스를 끝낸 사람이 설거지를 하는 식으로 나름의 규칙을 정해놓고 있었다. 시간을 합리적으로 사용하기 위해 정한 방안이었다.

사무실이 있던 곳은 공항 남쪽으로 20분 거리에 있는 산 마테오 (San Mateo)였는데 주변 환경이 쾌적한 부촌이었다. 하지만 주변 환경은 우리가 누릴 수 있는 것이 아니었다. 한가한 여유가 없는 탓이었다. 부촌에서 사는 자취생 처지와 다름없었던 것이다. 어쩌다 주말이 되면 뒷산 넘어 바닷가 (Half Moon Bay)에 가는 정도가 우리가 누리는 여유의 전부였다. 그렇게 생활하다 보니 웃지 못 할 일도 종종 일어났다.

당시 그곳에는 동양인들이 아주 귀해 대만 유학생들이 우리 사무실을 기웃거리는 일이 잦았다. 그들은 급기야 와서 식사도 함께 하고 설거지를 도와주기도 했다. 그렇게 친숙한 관계로 지내던 어느 해 크리스마스, 우리는 그들의 숙소에서 하는 디너파티에 초대 받기에 이르렀다. 적적하게 지내던 우리 세 사람에게는 더없이 고마운 일이었다.

숙소에는 4명의 여학생이 우리를 기다리고 있었다. 손수 준비했다는 잘 구운 터키 고기와 색다른 음식들, 우리는 염치도 없이 잘도 먹어주었다. 그런데 음식들을 거의 먹고 디저트가 나올 때쯤 되어 우리 동료 한 사람이 긴장된 목소리로 불쑥 말문을 열었다. 정말 하지 않아도 되는 느닷없는 말이었다.

"우리는 결혼한 사람들인데…"

왜 그런 이야기를 그 시점에 했는지는 모르지만, 순간 분위기는 차갑게 식으며 침묵이 흘렀다. 그들은 우리가 모두 괜찮은 총각인 것으로 알았기에 충격을 받은 모습이었고, 우리는 총각이 아닌 것이 발각되어 당황해서 어찌할 바를 모르고 앉아 있었다. 곧 그 침묵은 깨졌다. 그 중에 백인 여학생 방장이 눈을 똑바로 뜨고, 머쓱해 하는 우리를 향해 따지고 들었기 때문이다.

"너희들 결혼했으면 미리 얘기를 했어야 하는 것 아니야?"

우리 중 총각도 한 사람 있었지만 그런 이야기는 꺼내 보지도 못한 채 쫓기듯이 나오고 말았다. 그때 우리는 '미국에서는 남녀가 만날 때 미리 결혼 여부를 밝혀야 되나 보다' 라며 멋 적게 웃고 말았다. 그날 결혼한 사람들이라는 엉뚱스런 고백으로 파티를 망친 순진한 그 장본인은 우리들로부터 두고두고 비난을 받아야 했다.

당시 모든 정황은 그들이 우리를 총각으로 오해할 만했다. 그곳에 있는 일년 반 동안 한국인 방문객이 전혀 없었을 뿐만 아니라 우리들끼리 숙식을 해결하는 모습이 누가 봐도 독신들 같았을 테니 말이다.

그때는 회사에서 직원의 해외근무 기간이 일년이 지나야만 가족을 보내주는 시절이었다. 나의 경우는 일년이 지나 교사로 있던 아내가 직장에 사표를 내고 그 어려운 미국비자까지 받아놓고 출국을 기다리고 있었다. 최종적으로 해외담당 정인영 부사장의 결재만 남겨두고 있는 상황이었다. 그런데 별다른 이유 없이 결재가 보류되고 있었다. 근무하던 학교에서 성대한 환송회를 받고, 동창생들과 친지에게 곧 미국으로 떠난다고 소문까지 널리 퍼진 터라 아내에게는 황당한 일이 되고 말았다. 이 때문에 아내는 맘대로 외출도 못하고 마음고생을 하며 지냈다. 다행히 몇 개월이 지나 현대양행 소속으로 같은 사무실에 근무하는 직원의 가족과 함께, 아내는 두 아들을 데리고 샌프란시스코에 올 수 있었다. 그때가 나와 둘째 아들의 첫 대면이었다. 둘째를 낳을 때 나는 해외근무를 하고 있었기 때문이다. 새 살림집은 태평양 연안에서 가까운 파크 머세드(Park Merced) 지역의 타운하우스에 잡았다. 회사 사무실이 샌프란시스코 시내로 이전하여 통근하기도 좋았고 학교와 쇼핑센터 등 편의시설이 잘 되어있는 대규모 주거단지 안에 있는 곳이었다. 그렇게 모처럼 네 식구가 한 지붕아래 모였다.

알래스카 허리케인 브리지 사건

아내가 샌프란시스코로 들어오고 두 달쯤 된 1971년 봄 어느 날, 갑자기 정인영 부사장으로부터 전화가 걸려왔다.

"앵커리지(Anchorage) 지점장이 사표를 냈으니 날 밝는 대로 당장 올라가서 그 업무를 인수 받으라"는 것이었다.

1년 반 만에 만난 가족과 지내기 위해 새 아파트를 준비하고 신접살림을 차렸는데, 갑자기 짐을 꾸리게 되다니 참 황당한 일이었다. 그것도 새벽 4시에 걸려온 전화에서 흘러나온 지시라니.

다음 날 일찍 나는 알래스카 앵커리지 행 비행기에 탑승했다. 당시 앵커리지 지점은 1969년에 현대가 수주한 허리케인 걸치 브리지(Hurricane Gulch Bridge)라는 철골교량공사 지원업무를 하고 있었다. 항구도시인 앵커리지에서 내륙의 페어뱅크스(Fairbanks)까지 연결하는 알래스카주 최초의 고속도로 중간에 있는 깊은 협곡(Gulch)을 잇는 철교로 계약금액은 120만 달러였다. 미 주정부가 발주한 공사로서 강재(鋼材)를 미국 카이저 스틸에서 구매, 한국조선공사에서 교량 구조물을 제작했다. 이 대형 철 구조물을 다시 배편으로 앵커리지에 보낸 다음 수백 킬로미터 내륙으로 운반하여 현장에서 조립 설치하는 공사였다. 만만치 않은 공정을 거쳐 난공사인 철 구조물 조립을 잘 끝내고 도장 공사를 앞두고 있었다. 그런데 9월에 접어들어 폭설이 내리면서 공사를 중단하고 급히 철수하여 해를 넘긴 상태였다. 그런 상태에서 지점장이 사표를 낸 것이다.

  지점장이 사표를 쓴 데에는 그만한 이유가 있었다. 그때 기능직 인력은 비자가 나오지 않아 현장에는 소수의 기술자와 관리자만 한국에서 파견되었고, 공사는 현지 업자에게 일괄하청으로 맡기고 있었다. 그런데 하청업자들의 태도가 문제였다. 공사 진행이 더딘데도 수시로 자금이 부족하다며 시공물량보다 더 많은 금액을 선수금으로 달라고 요구한 것이다. 지점에서는 공사 진행을 위해 몇 번 그 요구를 들어 주었지만 계속 무리한 요구를 하자 이를 거절했고, 그러자 그들은 기다렸다는 듯이 공사를 아주 포기하고만 것이다. 회사를 의도적으로 부실화시킨 그들은 벌써 다른 회사를 만들어 운영하고 있었다. 우리 현장에 투입될 인력과 장비를 가지고 다른 현장 일을 하고 있었던 것이다.

하청공사를 맡기면서 공사이행보증서, 즉 퍼포먼스 본드(Performance Bond)라는 것을 받아 놓기는 했지만 모두 무용지물이었다. 보증한 보험회사가 청산단계에 있는 부실회사였기 때문이다. 수수료가 저렴한 보증회사를 선택한 결과였다. 문제는 하청업체에 자재와 인력을 공급했던 군소업자들이 모두 현대건설을 상대로 미수금 지급을 요구한다는 것이었다. 현지 주 정부법에 따른 청구로 대부분 변호사를 통해 들어왔다. 그 문제를 처리하기 위한 추가자금을 본사에 청구했지만 본사 경영진은 이미 지급된 비용이기 때문에 이중지불은 불가하다는 결론을 내린 상태였다. 지점 입장에서는 이러지도 저러지도 못하는 난처한 상황이 되었고, 결국 지점장은 당시 괌 사무소에 머물고 있던 부사장 앞으로 텔렉스 전보를 통해 전격 사표를 제출한 것이다.

현장에 도착해서 확인한 문제는 두 가지였다. 납품업체에 대한 대금 지급은 어떻게 처리할 것이며, 마감공사는 어떻게 마무리할 것인가 였다. 무엇보다도 남아 있는 공사를 마치고 준공검사를 받아야 유보된 공사 잔금을 환급 받을 수 있었고 계약의무도 완료되는 것이었다. 사실 주요 공정 대부분은 끝나 은회색 마감 도장만 남아 있는 상태였고, 나는 다행히 좋은 업자를 찾아 공사 마감처리를 무사히 마칠 수 있었다. 그리고 페어뱅크스에 있는 감독관의 준공 검사증을 받고, 주노(Juneau)에 있는 주정부 청사에 찾아가서 공사보증금 환급까지 받아냈다. 공사문제는 의외로 잘 해결되었다. 그곳 현지 신문에는 한국의 현대가 어려운 교량공사를 완벽하게 끝냈다는 기사까지 실리기도 했다. 그때가 1971년 여름이었다.

북미 최고봉이라는 매킨리 산 능선이 가까이 보이는 곳에 위치한 '허리케인 걸치 브리지'는 이후 유명한 관광지가 되었다.

나머지 문제는 대금 청구에 대한 해결책이었다. 우리 측 변호사는 알래스카 주 최초의 한국군 장교출신 변호사로 매우 적극적인 사람이었다. 하지만 많은 수의 현지 베테랑 변호사들과 홀로 싸우기에는 역부족이었다. 우리가 대금청구에 대한 산출근거 등을 요구하며 지불을 못하겠다는 내용으로 답변하면, 상대 변호사들은 더 길고 복잡한 내용으로 대응해 오니 우리 측에서 작성해야 할 서류는 급격히 늘어날 수밖에 없었다. 변호사 비용은 그 작업량에 비례하여 계산되었기 때문에 결국 양측 변호사가 모두 서류작성 경쟁을 하고 수임료만 높이는 판국이 되고 말았다. 그렇다고 일이 해결될 기미가 보이는 것도 아니었다.

그 해 늦은 봄에 현지 실정을 파악하기 위해서 정인영 부사장이 현지에 도착했다. 건 별로 타결에 소요되는 비용을 포함한 상황보고를 받고, 담당 변호사와 면담도 마쳤다. 그리고 정 부사장 지인의 소개를 받은 미국 변호사를 찾아가 상담했다. 호남 형으로 매사에 긍정적인 성격을 가진 콜린스(Collins) 씨는 선뜻 우리 일을 맡아 주었다. 해결되는 건당 일정액을 받고 추가로 해결된 금액의 일정 비율을 인센티브로 더 지불한다는 조건이었다. 정 부사장은 떠나면서 새로 선임된 변호사가 주선해서 타결한 금액은 본사에서 보내 주겠다고 약속했다.

우리는 우선 타협 가능성이 높고 업자들의 대표 격인 사람을 골라 청구금액의 반 정도를 주겠다는 타협안을 제시했다. 단 받아들이면 일주일 내에 현금을 지불하고 그렇지 않으면 한국에 가서 받아가야 될 것이라는 말도 덧붙였다. 현대가 어떤 회사인지, 코리아가 어디에 있는 나라인지 잘 모르는 사람들에게 우리가 내민 협상카드였다. 그리고 그 협상카드는 정확하게 우리들의 예상과 들어맞았다.

"현대 건설이 돈을 주기 시작했다."는 소문이 업계에 곧바로 퍼졌다. 나중에는 "지급할 수 있는 돈이 얼마 안 남았다더라."는 뜬소문까지 나돌았다. 이후 협상은 우리 페이스대로 끌고 갈 수 있었고, 곧 하나하나 해결되기 시작했다.

동포 변호사에 대한 배려도 중요하지만 해결을 위해서는 냉정해야 한다는 부사장의 판단이 해결의 실마리가 된 것이다. 콜린스 씨는 법률적 전문지식보다 친화력과 사교성이 돋보이는 유능한 변호사였고 우리는 그 점을 잘 활용한 셈이다.

알래스카에서 지낸 동안은 비교적 여유가 있었다. 특별한 업무가 없기도 했고, 무엇보다 알래스카의 대자연 속에서 가족과 모처럼 느긋한 날들을 보낼 수 있었던 것은 지금까지도 잊혀지지 않는다.

알래스카에서의 생활은 비교적 여유가 있었다.

하지만 그런 여유는 길게 주어지지 않았다. 겨울을 나기 위해 이사 들어갈 집을 구하고 있을 때, 본사로부터 런던으로 부임하라는 명령이 내려온 것이다. 11월 중순 후임자가 도착한 다음 날 업무인계를 하고 우리 가족은 곧바로 런던 행 비행기에 올랐다. 비행기에서 내려다본 알라스카의 산과 바다는 온통 눈과 얼음에 덮여 은백색으로 빛났다. 그리고 나는 북극권을 건너질러 안개 가득하다는 런던에서의 미래를 향해 날아가고 있었다.

사람들이 현대의 성장과정을 설명할 때, 현대는 말뚝 박아 성장한 기업이라는 말을 한다. 실제로 창업주가 손수 땅을 직접 고르고 그곳에 말뚝을 박아 지은 공장에서 경쟁력 있는 상품을 내놓으며 일군 기업이 현대다. 실패에 대한 두려움을 떨치고 오직 집념과 도전으로 일군 세계적 기업집단이다. 나는 그 세계화 초창기에 현대의 일원이었음을 행운으로 생각한다.

현대가 다른 기업군과 다른 점은 국제화에 대한 열망과 비전이었다. 해외 진출에 대한 강한 집념이 있었기에 1960년대 중반에 대한민국 최초로 해외건설(태국 고속도로)공사에 진출했고, 이어서 월남과 괌에 진출하여 성공을 거두었다. 그러나 제반 여건이 취약하고 준비가 아직 완벽하지 못한 상태에서 도전한 알래스카(철골교량)를 비롯한 서 호주의 퍼스(항만준설), 인도네시아(고속도로) 그리고 태국 등지에서의 공사는 큰 시련을 안겨주기도 했다. 그러나 이러한 시련은 현대를 더 강하게 만들었고, 결국 중동이라는 초대형 건설시장에서 꽃을 피울 수 있었다.

런던, 세계적인 기업으로의 도약거점

현대가 세계적인 기업으로 도약하는 거점, 런던 사무소의 중요성은 아무리 강조해도 지나치지 않다. 우선 현대의 런던 진출은 변두리에서 세계 경제 중심무대로의 진출을 뜻했다. 한국의 산업화에 별 도움이 되지 않는 일본과의 협력보다는 일본의 고속성장에 위협을 느끼고 있는 유럽에 손을 내민 것은 분명 탁월한 선택이었다.

유럽의 선진국들은 한국과 같은 아시아의 개발도상국과의 통상증진에 매우 호의적이었다. 또한 영국은 금융, 보험, 해운, 법률, 건설감리 등 서비스 분야에서 단연 세계 최고의 중심지였고 조선, 자동차, 기계 등 제조기술면에서도 선진국이라고 할 수 있었다. 그런 런던이 현대그룹의 주력사업인 자동차 제조, 조선업 그리고 건설업분야에서 세계화의 길을 열어가는 전진기지로서의 결정적인 역할을 하게 된 것이다.

당시 런던지사에는 현대자동차가 조립 생산했던 영국산 포드 코티나(Cortina)의 부품을 조달하는 자동차 팀과 현대양행이 해운업을 시작하면서 지사를 운영하고 있었다. 현대중공업이 이미 조선소 건설용 시설 차관도입 계약을 성공적으로 끝내고, 스코틀랜드의 스코트리스고(Scott Lithgow) 조선소와의 기술도입 계약 그리고 초대형 유조선(VLCC) 수주도 극적으로 마무리한 상태였다.

정주영 회장이 500원짜리 지폐의 거북선으로 차관도입에 성공하고 리바노스로부터 유조선을 수주한 것도 런던이 중심이 되어 진행된 일이었다. 내가 런던에 도착할 때는 이미 골리앗 크레인을 비롯한 조선소 시설장비의 도입이 마무리단계에 있었고, 수주한 유조선 1, 2호선 건조에 필요한 조선 기자재 도입 그리고 기술공급 회사로부터 받아낸 각종 도면과 시방서 등을 서울로 공수하는 일로 정신없이 바쁜 상태였다.

그때까지의 구매업무는 영국 조선소 파견훈련을 마친 연수생들이 중심이 되어 하고 있었는데 선박건조 작업이 본격화 되면서 이들 연수생들이 귀국했고, 그 공백을 채우기 위한 충원계획에 따라 내가 가게 된 것이다.

런던지사(당시 책임자는 후에 현대중공업, 종합상사, 현대상선 등의 사장을 역임한 정희영 상무였다.)는 명품백화점 해롯(Herrod) 건너편 브롬프턴(Brompton) 가의 허름한 4층짜리 건물(짐머하우스)에 자리 잡고 있었는데, 그 중 2, 3, 4층을 쓰고 있었다. 2층은 사무실 3, 4층은 숙소 겸 식당으로 업무와 숙식을 한 건물에서 해결하는, 잠시의 시간도 낭비할 수 없는 방 배치였다. 현대는 그때 24시간 근무체제나 다름없었다. 밤늦게까지 보고 자료를 만들어 텔렉스로 보내놓고 잠자리에 들면 본사는 밤사이에 들어온 보고서를 이른 아침부터 검토하여 텔렉스로 회신과 새 지시를 보내고 퇴근했다. 서울과의 시차가 8시간이었으므로 다음 날 새벽이면 벌써 그 지시에 따라 즉각 업무에 들어갈 수 있었다.

그때 가장 힘들었던 일이 하루 일과를 정리하여 서울 본사로 보내는 텔렉스를 펀칭하는 일이었다. 한 대뿐인 기계를 이용하여 서툰 실력으로 펀칭하다 보면 자정을 넘기는 경우가 예사였고, 서울과 텔렉스 연결이 잘 되지 않으면 펀칭한 긴 테이프를 들고 시내 중앙우체국으로 직접 가서 보내야 하는 일이 반복되었다. 특히 도면, 시방서, 카탈로그 등은 저녁식사 후에 히드로공항 화물터미널까지 달려가 항공편으로 보냈다. 그래야 다음 날 서울에 도착시킬 수 있었기 때문이다. 서울 런던 간의 시차를 잘 활용한 것이다.

그 시차 때문에 겪었던 에피소드가 있다. 어느 날 잠자리에 든 한밤중에 전화가 걸려왔다. 서울에서 걸려온 정주영 회장의 전화였다. 일은 몇 가지 지시를 받고 전화를 끊으면서 발생했다.

"회장님, 안녕히 주무십시오."

나는 무심코 한 말이었다. 그런데 그 시각, 서울 본사에서는 아침 간부회의 중이었다.

정 회장이 전화를 끊으면서 한 말에 회의 참석자들이 폭소를 터뜨렸다고 한다.

"이 친구가 지금 나보고 안녕히 주무시라네. 허허."

런던에서 주요업무는 유조선(VLCC) 건조용 각종 기자재를 구매하는 일이었다. 조선용 기자재 도입은 건설장비 구매와는 또 달라서 무엇보다 엄청난 가짓수에 놀랄 수밖에 없었다. 당장 어떤 부품을 어떻게 구매해야 할지부터 난감한 일이었다. 다행히 동형(同形)의 배를 건조한 실적이 있는 덴마크의 오덴세(Odense) 조선소로부터 입수한 기자재 목록표(Bill of Materials)가 유용하게 활용되었다. 기자재의 상세한 설명문과 제조사, 모델

런던에서 조선부품업체 대표들과 함께한 자리. 30대였던 나의 거래 상대는 이들 나이 지긋한 분들이었다.

이름 등 가격협상에 필요한 중요한 자료가 모두 담겨 있었기 때문이다.

우리는 수시로 스코틀랜드, 스웨덴, 노르웨이, 네덜란드, 덴마크, 독일 등지에 있던 기자재 제조 공장을 방문하여 시설과 능력을 파악했다. 당시는 유럽의 조선업이 일본에 밀려 사양길에 접어들고 있을 때로 일본은 대부분의 건조용 부품을 자체적으로 조달하는 상황이었다. 그런 시점에서 선박용 기자재 산업이 전무한 한국의 신생 조선소가 선박을 건조해 보겠다고 나섰으니 그들에게는 반가운 존재였을 것이다. 그래서 그들은 새로운 시장에 큰 관심과 호의를 가지고 적극적으로 나왔고 우리는 경험 부족에서 오는 구매상의 미숙함을 잘 풀어나갈 수 있었다.

게다가 우리는 수주한 선박에 필요한 물량만 발주한 것이 아니어서 우리가 실제 수주한 선박의 수보다 더 많은 선박을 수주하리라는 전제 하에 추후에 필요한 기자재까지 가계약으로 확보하였다. 이를 통해 단가를 낮추고 안정적인 납기도 보장 받을 수 있다는 계산을 한 것이다.

그러나 불행하게도 그러한 대량주문이 서로를 곤란하게 만들기도 했다. 1973년 4차 중동전쟁 후 산유국들이 주도한 유가 폭등으로 유조선의 신규 발주는 사라지고 이미 발주해 놓은 선박도 계약취소를 요구해 오는 일이 발생했다. 따라서 우리가 발주한 기자재를 계약대로 모두 사들여 오는 것이 사실상 불가능해졌다.

당시 유조선의 엔진은 스팀터빈을 사용했는데, 스팀을 이용한 고압 펌프류를 독일의 AEG사가 만들고 있었다. 우리는 AEG에 대량 주문을 넣은 상태였다. 일감 부족에 시달리는 그 회사는 신용장을 열기도 전에 제품을 생산하고 있었다. 그런데 시장 상황이 급속히 나빠지면서 우리가 그 제품들을 인수할 수 없게 되었고, 결국 AEG는 어려움에 처하면서 우리에게 강력한 항의를 하기에 이르렀다. 함부르크에 있는 AEG 본사를 찾아갔다. 그날 사장은 나를 몰아세웠다. 점심으로 겨우 스파게티 한 접시만 시켜놓은 채 이어진 지루한 협상이었다. 사실 애초부터 마땅한 대안이 도출되기 어려운 협상이었다. 그 자리에서 "우리가 필요한 물량은 대금을 바로 지불한 다음 인수하고 앞으로 필요한 기자재는 취소된 금액만큼 그 회사 제품을 우선적으로 구매하겠다."는 내용의 합의서를 교환하기는 했지만 큰 의미는 없는 합의서 일 수밖에 없었다. 결국 얼마 후 그 회사는 일감이 떨어지면서 지멘스 그룹에 흡수합병 당했다는 소식이 들려왔다.

네덜란드의 로테르담에 있는 유명한 선박용 프로펠러샤프트 제조회사도 부도가 나서 2년이 지난 어느 날 청산인으로부터 주문해 놓은 물건을 인수해 가지 않겠느냐는 문의가 들어온 적도 있다. 급작스런 오일파동으로 여러 조선 부품 제조회사들이 주저앉은 것이다. 물론 도의적으로 보면 미안한 일이다. 그러나 거래가 미안한 일을 만들지 않아야겠다고 생각한다고 해서 그렇게 되는 것은 아니지 않는가. 오직 서로 최선을 다하는 것일 뿐.

당시 대부분 30대였던 우리는 현대의 주력 인력이었다. 지점 근무자는 한결같이 대형유조선 건조에 대한 전문지식과 경험은 물론, 국제 업무 수행에 대한 기본교육과 훈련도 받은 바 없었다. 우리를 가르쳐 주는 노련한 선배도 없었고 참고할 만한 서적을 찾을 수도, 읽고 익힐 시간도 없었다. 그러나 어쩌면 무지와 무식이 오히려 우리들에게 강점이 되기도 했다. 아는 게 별로 없으니 선입견도, 두려움도, 재는 일도 없이 과감하게 밀어붙일 수 있었을 것이다. "무식하니 용감해지더라."는 말이 괜한 말이 아니었다.

1976년 세계 해운·조선무역박람회장(Posedonia Show) 앞에서

그 즈음 파리에 화물 항공편을 띄우기 시작한 대한항공은 화물 확보에 어려움을 겪고 있었다. 마침 조선소에서 긴급히 필요한 대량의 파이프를 대한항공 편으로 보낼 수 있었다. 이 화물은 구경이 2~30센티미터 정도 되는 파이프를 비정형 곡선으로 가공한 것이었는데 길이가 보통 2미터 가량 되었다. 이런 중량화물을 철제로 묶어 비

행기에 실어 나르는 일은 아주 위험한 일이었다. 어떤 충격에 의해 그 쇠파이프 끝이 기체에 부딪히게 되면 대형사고를 피할 수 없기 때문이다. 그러나 당시는 어느 쪽도 마다할 수 없는 절실한 상황이었다.

대한항공 화물기 덕을 본 경우는 또 있었다.

여름 휴가철 주말을 이용해 주재원 가족들이 단체로 영국 남부해안지방으로 휴가를 떠난 날, 저녁식사를 마치고 각자 숙소로 향할 즈음 런던사무소 당직 직원으로부터 전화가 걸려왔다. 조선소에서 건조 중이던 기관실의 보일러가 폭발하였는데 그에 필요한 수리용 벽체 패널(Membrane Pipe Panel)을 긴급 제작해 보내라는 긴급지시가 떨어졌다는 것이었다. 급한 김에 우선 유상원(한라조선 부사장 역임) 담당 과장으로 하여금 런던으로 되돌아가 사태를 수습하도록 했다.

급한 대로 스코틀랜드에 있는 공장에 패널 발주를 했지만 납기가 문제였다. 하루가 급한 우리 사정은 그저 우리 사정일 뿐이었다. 제작에 최소 6주 이상 걸린다는 것이었다. 나는 직접 공장으로 찾아갔다. 하지만 생산관리 담당 직원은 납기단축은 노조에 속한 생산직 사원의 소관이라며 손을 들었다. 당시는 영국의 노동조합의 세력이 막강하여 관리직이 힘을 못 쓰는 때였고 특히 그 공장은 국영회사라서 융통성이 없어 보였다. 할 수 없이 공장 안으로 직접 들어가서 책임자급 두 사람을 만나 통사정을 했다.

"당신네들이 우리 조선소의 명운을 쥐고 있는 셈이오."

사실이 그랬고, 나는 그런 절박함으로 그들에게 호소했다.

그러나 그들은 그 보다는 공장 작업장까지 들어온 동양인이 신기했는지 납기애기는 덮어두고 엉뚱한 질문만 던졌다.

"한국인은 모두 태권도를 잘 한다는데 당신도 태권도를 잘 하시오?"

순박해 보이는 젊은이가 먼저 물었다.

"물론이오. 관심 있으면 저녁에 식사하면서 더 애기를 해 주겠소."

나는 그렇게 그를 식사에 초대하면서 선물로 가져온 고급담배 두 상자를 건넸다.

그날 저녁, 허름한 중국식당에서 다시 마주 앉아 한국 태권도 이야기와 우리 조선소가 영국의 기술과 자금으로 건설된 것이라는 점을 설명하면서 틈틈이 그들의 도움이 얼마나 중요한 지 수 차례 강조하며 한번 꼭 도와 달라고 부탁했다. 자꾸 권한 독한 중국술로 느긋해진 터라 말이 잘 통했고 드디어 우리가 원하던 답을 얻어낼 수 있었다.

"할 수 있는 한 납기를 단축해 보겠소."

다음 날 아침 나는 작업장으로 찾아가 반갑게 인사를 하고 특근을 하려면 식사비가 필요할 터이니 거기에 보태 쓰라며 가지고 있던 현금을 모두 털어 내주었다. 사실 패널 제작은 약 2미터 길이의 강관 5~6개를 나란히 용접해 만드는 단순한 작업인데다가 다른 일감도 별로 없어 보여 납기단축은 어려운 일이 아니었다. 이어서 생산관리 책임자를 만났더니 그는 웃으며 1주일이면 되겠다고 약속했다. 출장 온 보람이 있었다.

다음문제는 '글라스고우' 공장에서 '파리공항'을 거쳐 울산 조선소까지 얼마나 빨리 운송하느냐였다. 이 중요한 임무는 경험이 풍부한 채수삼 과장(금강기획, 서울신문사 사장 역임)이 맡았다.

우선 제작이 완료되는 시점에 맞추어 프랑스에서 영국 행 짐을 싣고 온 대형 트레일러트럭을 임대했다.

공장에서 패널이 모두 선적되어 트럭이 출발하는 것을 확인한 채 과장은 통관에 필요한 서류를 모두 준비하여 '도버' 항구로 즉시 달려갔다. 프랑스행 자동차를 실을 수 있는 페리(Ferry)선이 왕래하는 '도버' 항에서 통관수속을 미리 밟아놓아야 했기 때문이다. 수속을 마치고는 근처 모텔 방을 잡아 놓고 우리 화물트럭을 기다렸다. 트럭이 도착한 후 세관원이 화물을 검사하고 배의 출항을 기다리는 동안 운전기사는 모텔 방에서 쉴 수 있도록 조치했다.

한 참의 시간이 지나고 출항시간이 되어 운전기사와 채 과장이 함께 트럭에 올랐다. 배는 밤 깊도록 '도버' 해협을 건너 프랑스 항구에 도착했다. 트럭은 이어서 다음 행선지인 '오를리(Orly)' 공항을 향해 달렸다. 그 곳에는 대한항공 화물 전용기와 항공화물 선적 전문 인력과 장비가 대기하고 있었다. 대한항공 관계자에게 이미 화물의 긴급성을 강조해 놓은 터였기에 트럭이 공항에 도착하자마자 화물은 바로 화물기에 실을 수 있었다. 제작과 운송시간을 최대한 줄이기 위한 노력의 결과였다. 2,000킬로미터에 달하는 트럭 수송을 24시간 안에 완료한 것이다.

이처럼 우리는 고정관념에서 비교적 자유로운 젊음이 있었기에 상황에 따른 효과적인 아이디어를 그때그때 내 놓으며 효율적으로 대처할 수 있었다.

지름이 6~7미터나 되는 대형 프로펠러는 비철금속으로 만드는데, 납기가 1개월이 넘으면 주문을 받지 않았다. 주문 받은 후 원가 비중이 큰 비철

금속 값이 폭등하면 고스란히 손해를 떠안아야 하기 때문이다. 하지만 우리의 경우 항해 일수가 40~50일 정도 된다는 것을 감안하고 제작기간까지 고려해 4개월 전에 주문하고 바로 생산에 들어가야 했다. 이것은 어떻게든 꼭 해결해야 할 난제였다. 고심 끝에 주원료 가격은 실 구입가를 적용하고 여기에 일정한 비율의 가공비와 간접비를 가산하는 방법, 즉 변동가격산정 공식을 만들어 쓰기로 상호 합의하여 해결했다. 제조사로서는 생전 처음 해 보는 거래방식이었지만 결국 동의해 주었다. 우리의 합리적이고 창의적인 제안을 긍정적으로 받아들인 결과였다.

런던지사 사내 커플(박대식 군과 임순옥 양)의 결혼식에서 나는 신랑의 아버지를 맡았다.

세계 일등 선박용 엔진메이커의 출발점

오일파동 이듬해인 1975년, 현대는 쿠웨이트의 아랍연합해운(United Arab Shipping Company)으로부터 2만 3천 톤 급 다목적 화물선 24척을 한꺼번에 수주하는 쾌거를 이뤄냈다. 당시 설계는 영국의 고번(Govan) 조선소에서 했고, 추진엔진은 모두 영국제였다. 엔진 메이커는 북아일랜드의 할랜드 앤 울프(H&W) 사와 스코틀랜드의 킨케이드(Kincaid) 사였다.

곧 두 회사와 엔진 24기 수입을 위한 대형 협상이 시작되었다. 다행히 북아일랜드 회사와는 '아이리쉬'(Irish) 사람 특유의 친화력과 융통성 덕분에 잘 진행되었다. 그러나 스코틀랜드 회사와는 아예 흥정을 붙이기도 어려웠다. 가격을 흥정하려는 이유가 무엇이냐며 오히려 목소리를 높이며 고자세로 나왔기 때문이다. 자신들이 이미 영국 조선소와 거래하는 가격과 조건을 제시했고 또 납기 맞출 경쟁사도 없는데 무슨 시비냐는 분위기였다. 실제로 그들은 해외수출 경험이 전혀 없었다. 그러니 우리가 통상적으로 사용하는 일람불 신용장 (Letter of Credit) 결제가 무슨 소리인지 알 리가 없었다. 선금을 주면 시작하고, 완성되면 잔금 내고 싣고 가면 되는 것 아니냐는 것이 그들의 단순한 논리였다. 그것이 한때 세계의 조선 산업을 이끌던 대영제국의 거래방식이었다. 은행 사람들을 데려가서 설득해도 소용없었다. '그런 복잡한 일을 할 수 있는 직원도, 배워서 할 젊은 인력도 없으니 복잡한 결제관련 업무는 당신들이 모두 알아서 하고, 우리로 하여금 돈만 받게 해 주면 된다.' 는 것이었다.

거래를 하기 위해서는 다른 방법이 없었다. 그들을 탓할 수도 없었고 시간을 더 이상 지체할 수도 없었다. 결국 그들이 요구하는 대로 우리 직원이 나서서 모두 처리하기로 약속하고 거래를 성사시켰다. 엔진제작이 완료되어 선적준비가 끝나면 우리 직원이 선적서류를 작성하는 일부터 그들의 스코틀랜드의 거래은행까지 가서 환어음을 매입하여 대금을 그들의 손에 쥐어주는 일까지, 모두 대신 처리해 주었다.

그때 있었던 일이다.

메이커와 막바지 엔진협상을 하고 있는 어느 날, 정주영 회장의 전화가 걸려왔다.

"엔진 계약 끝냈어?"

"하루 이틀 더 걸리겠습니다."

"뭘 그리 꾸물거려? 오늘 안으로 빨리 결론 내서 발주해! 알았어?"

"지금 협상이 막바지에 왔으니까 잘 처리 하겠습니다."

"이 봐. 시키는 대로 하란 말이야. 알았어? 내일 신용장 개설할 테니까 그리 알라고."

사실 그때까지 정 회장이 직접 구매날짜까지 지정해주며 간섭하는 경우는 없었다. 이유를 알 수 없었지만 일단 명령이었으니 바쁘게 계약을 진행할 수밖에 없었다. 서둘러 발주를 하고 본사에 보고했는데, 바로 다음 날 신용장 개설 통지가 왔다.

그리고 곧 한국에서 원화의 미국 화폐와의 교환비율(대미환율) 변경이 발표되었다. 당시는 지금처럼 유동 환율제가 아닌 고정 환율제였는데, 정 회장의 지시는 그 달러환율 인상에 대한 대처로 환차손의 발생을 막기 위한 조치였던 것이다.

그 시절의 대형엔진 해외조달은 현대중공업에 있어 선박용 엔진의 국산화를 촉진하는 중요한 계기가 되었다.

통상적으로 선박엔진은 제작조립이 끝나면 바로 장시간의 가동 테스트로 품질을 검사한다. 우리 측 입회 아래 검사에 합격하면 엔진을 다시 분해하여 부품 별로 수출포장을 하여 배에 실어 보낸다. 한 대의 무게가 700 여 톤이고 조립한 엔진의 높이가 4~5층 건물과 비슷하니 불가피한 방법이었다. 한 달 이상 걸려 배편으로 울산에 도착하면 조선소에서 다시 재조립해서 같은 테스트를 실시한다. 이를 위한 대규모 조립공장이 건설되고 24대 모두 이 같은 과정을 거치는 동안 대형엔진에 대한 전문지식과 조립 및 테스트에 관해 많은 기술을 많이 확보할 수 있었다. 하지만 대형 엔진을 계속해서 외국에서 사 들여오는 것이 가격이나 운송문제는 물론 조선업을 안정적으로 운영하는 데 큰 문제로 부각되었고, 이는 디젤 엔진 국산화를 적극적으로 추진하는 계기로 이어졌다.

그리고 지금 현대중공업은 선박용 엔진생산을 시작한 지 29년 만인 2008년 10월, 세계 최초로 대형엔진 누계 8천만 마력을 달성, 세계시장 점유율 35퍼센트를 자랑하는 세계 최고 최대의 엔진메이커 위치에 올랐다.

2

1981년 6월 UASC로부터 1,846 TEU급 대형 컨테이너선 9척의 4억불에 이르는 초대형 건조계약을 확정 짓고 귀국길에 올랐을 때의 일이다. 출발 직전 본사로부터 정주영 회장이 전두환 대통령의 아시아 순방길을 수행하여 도착 예정인 싱가포르로 가라는 지시가 있었다. 마침 UASC의 회장이 울산 조선소를 방문하고 귀국 예정인데 서울에서 만나지 못했으니 싱가포르에서라도 만나 접대를 할 수 있도록 준비하라는 지시였다.

일본을 꺾고 중동시장을 열다

현대조선(현대중공업)은 처음부터 25만 톤 급 이상의 대형 원유운반선(VLCC) 건조를 목적으로 지은 조선소였다. 그러나 시장상황은 현대가 원하는 일만 할 수 있도록 도와주지 않았다. VLCC시장은 세계경제에 좌우될 수밖에 없는데, 세계경제가 크게 위축되고 있었던 것이다.

원인은 중동사태에 있었다. 1973년 10월, 이집트와 시리아가 수에즈 운하 쪽과 골란 고원의 양 전선에서 이스라엘을 기습 공격하면서 시작된 중동전쟁 때문이었다. 이스라엘의 승리로 끝난 이 전쟁으로 위협을 느낀 아랍계 산유국이 뭉쳐 아랍 석유수출국기구(OAPEC)를 설립하며 '석유의 무기화'를 감행한 것이다.

결국 유가는 1년 만에 4배로 뛰었다. 당장 해상 물동량이 줄면서 해운업계에 위기가 들이닥쳤다. 현대조선에도 말 그대로 직격탄이었다. 그때까지 주문 받은 12척의 유조선 가운데 그리스 선주 리바노스, 홍콩의 시와이퉁 (CY Tung), 일본의 저팬라인(Japan Line) 등이 계약 취소 또는 인수를 거부하면서 조선소는 경영상 큰 어려움에 처해 있었다. 그때 결정적으로 현대를 안정시킨 수주가 바로 1974년 쿠웨이트 해운사 (Kuwait Shipping Co., 후에 이라크, 바레인, 사우디, 카타르, 아랍에미리트와 공동으로 설립한 USAC로 합병)가 발주한 24척의 다목적 화물선이었다. 이어서 1978년에 컨테이너 전용선 4척과 1981년 9척을 추가로 수주하면서 조선소 일감 부족문제는 상당부분 해소될 수 있었다. 비록 배의 크기는 대형유조선의 10분의 1에 지나지 않았지만 독(Dock) 하나에서 여러 척을 동시에 건조하는 새로운 방식으로 운영할 수 있었다. 중동 석유파동으로 곤경에 처한 조선소가 중동의 신흥 해운회사들 덕분에 위기를 벗어나게 되고 선박의 대량생산 체제가 시작된 것이다. 그리고 선박 건조가 완료되어 명명식(命名式)이 거행될 때마다 정주영 회장은 전세기를 동원하여 들어오는 중동의 수많은 지도층 인사를 직접 앞장서서 정성을 다하여 환대했다. 이는 당시 프로젝트의 중요성을 말해주는 것과 동시에 정 회장의 안목을 엿볼 수 있는 대목이기도 했다. 이 같은 명명식을 전후한 여러 차례의 최상의 환대는 중동에서 현대그룹의 지명도를 높이고 곧이어 중동 각 지역에서 형성된 대규모 건설시장에 진출하는 데 사실상의 교두보가 되었기 때문이다. 위기가 새로운 기회로 반전되는 극적인 상황이 연출된 것이다.

쿠웨이트로부터 수주한 선박의 명명식. 이 선박은 어려운 여건에서 조선소의 안정에 큰 기여를 했다.

정 회장의 고객접대에 대한 인식을 잘 보여 주는 사례는 적지 않다.

1981년 6월 UASC로부터 1,846 TEU급 대형 컨테이너선 9척의 4억불에 이르는 초대형 건조계약을 확정 짓고 귀국길에 올랐을 때의 일이다. 출발 직전 본사로부터 정주영 회장이 전두환 대통령의 아시아 순방길을 수행하여 도착 예정인 싱가포르로 가라는 지시가 있었다. 마침 바레인 항만청장이기도 한 UASC의 회장이 울산 조선소를 방문하고 귀국 예정인데 서울에서 만나지 못했으니 싱가포르에서라도 만나 접대를 할 수 있도록 준비하라는 지시였다.

나는 우선 싱가포르에 도착하여 지점장과 마땅한 장소 물색에 나섰다. 하지만 일류호텔은 모두 대통령 수행원들로 만원상태였다. 결국 우리로서는 좀 낡은 4성급 호텔의 객실과 접객용 별실을 예약하는 수밖에 없었다. 우리 판단에는 호사스럽지는 않았으나 그런대로 무난해 보였다.

하지만 예약된 호텔에 도착한 정 회장은 나와 지점장에게 호된 질책을 퍼부었다. 이런 시설과 분위기에서 어떻게 손님 접대를 할 수 있느냐는 것이었다. 정 회장은 UASC 회장의 위상으로 볼 때 절대 최선을 다하는 접대일 수 없다는 생각이었던 것이다. 그런 불편한 상황은 당시 이명박 사장에 의해 겨우 수습되었다. 그러나 정 회장은 UASC 회장에게 최고급 시설에서 접대하지 못 한 것을 수차례 사과하며 나름대로 정성을 다하여 만찬을 베풀었다. 당시 사정이 불가피하기는 했지만 나는 결과적으로 고객접대에 대한 정 회장의 깊은 속내를 살피지 못한 것이 되고 말았다.

UASC의 선박수주가 결코 쉽게 이루어진 것이 아니었기에 정 회장은 이처럼 정성을 다해 접대하려고 했던 것인지도 모른다. 무엇보다 VLCC 탱커 시장이 침체의 길로 들어서면서 일감부족에 위기감을 갖게 된 현대로서는 새로운 선박 수주가 절실한 시기였다.

당시 현대조선 사장은 덴마크 출신의 스코우(Schou) 씨였는데, 그는 오덴세(Odense) 조선소 근무 중 스카우트를 통해 현대로 와서 일하고 있었다. 생산이 전문인 엔지니어 출신이었지만 일감이 떨어진 조선소 사장이 해야 할 일은 수주활동일 수밖에 없었다. 수주를 목적으로 출국한 스코우 사장이 유럽을 거쳐 귀국하는 길에 쿠웨이트의 KSC에 들르게 되었다. 처음 스코우 사장은 그 회사가 '멸치만한 배'를 운영하는 회사였기에 별 기대를 하지 않았다. 하지만 그곳에서 예상치 못한 대규모 건조계획에 대한 정보를 얻게 되었다. 당시 KSC 사장은 영국인 토드(Todd) 씨였는데, 중동의 해운업을 육성 발전시키는 일에 나름대로 비전과 열정을 가지고 있는 사람이었다. 그들은 그 동안 필요한 배는 주로 영국의 중형조선소에서 건조해 왔다. 그런데 이번에는 발주해야 할 배가 여러 척이 되다 보니 영국에서는 더 건조할 능력이 없어 새로운 조선소를 찾던 중이었던 것이다.

유력한 후보는 역시 세계 조선업계를 석권하고 있던 일본 조선소였다. 그러나 영국을 비롯한 유럽의 조선소와 연관업계가 일본 조선업의 급부상으로 인해 모두 사양길로 들어서고 있었고, 일본에 발주되면 엔진을 비롯한 각종 기자재 납품과 기술용역의 제공 기회마저 일본으로 넘어가게 된다는 점을 우려하고 있었다. 그때 스코우 사장이 나타난 것이다. 토드 사장으로서는 현대조선(현대중공업)이 영국의 차관과 기술협력으로 건설되었다는 점과 신설된 조선소이기 때문에 일본의 기존 조선소보다 다루기가 쉬울 것이라는 점도 감안했을 것이다.

워낙 중요한 거래였기 때문에 정희영 사장을 비롯한 조선소 경영진이 총출동하여 수주에 총력전을 펼쳤다. 본사에서는 한종서 영업총괄 임원(현대중공업 플랜트사업본부장 역임)이, 쿠웨이트 지사에서는 정익영 지점장(현대중공업 엔진사업본부장 역임)이, 그리고 KSC 지점이 있는 영국에서는 런던 지점장이던 내가 동원되어 입체적인 공략에 들어갔다.

우리는 사장을 포함한 모두가 30대의 열혈 청년들이었다. 막강한 일본 조선소의 견제가 있었으나 전력을 다해 동시 다발로 밀어붙인 우리가 결국 승리했다. 정주영 회장 역시 영국 중부의 리버풀(Liverpool)에 있던 토드 사장 집까지 방문했다. 정 회장이 오너도 아닌 해운회사 경영자의 집까지 방문한 것은 아마 그때가 처음이자 마지막이었을 것이다. 그리고 그것은 좋은 인연으로 이어졌다. 24척을 모두 수주한 이후 13척의 대형 컨테이너 전용선과 엄청난 물량의 컨테이너 박스도 모두 현대가 수주하게 된 것이다. 영국인 사장과 기술담당 책임자 그리고 팔레스타인 출신 관리책임자 등의 도움을 받아가며 전력투구한 끝에 거대 조선강국 일본을 격파한 것이다. 그것이 벌써 30년 전에 일어난 일이다.

선박건조는 모두 성공적이었다. 특히 건조과정에서 보여준 선주 측 (USAC)의 기술 책임자인 던컨(J. Duncan)을 비롯한 기술진이 모두 적극적이고 우호적으로 협조해 준 것이 큰 도움이 되었다. 한국인들의 헌신적이고 열정적인 근무태도도 그들의 전폭적인 지원을 받아내는데 큰 몫을 하였다. 그들 기술진은 프로젝트를 마치고 나서 영국이나 다른 선진 조선소에서는 볼 수 없었던 폭발적인 에너지를 느꼈다고 했다. "하늘은 스스로 돕는 자를 돕는다."는 평범한 진리를 잘 보여주는 사례라 할 수 있다. UASC는 현재 세계적인 굴지의 해운회사로서의 명성을 날리고 있다.

'본사'를 팔아 아프리카대륙에서 대어를 낚다

아프리카대륙 최대 산유국인 신생 독립국 나이지리아도 우리의 고객이었다. 1만 2천 톤 급 9척과 1만 6천 톤 급 2척 등 모두 11척의 다목적 화물선을 나이지리아 국영해운(NNSL)으로부터 수주한 것이다.

나이지리아는 인구 1억 3천만 명의 산유국으로 OPEC 회원국이었다. 폭등한 유가 덕분에 건설공사가 한창이었고 폭증하는 수입화물 운반용 선박이 절실할 때였다.

하지만 나이지리아는 교통, 통신, 상하수도, 숙박시설 등 모든 인프라에서 그 동안 우리가 여행 해 본 나라 중 최악이었다. 공항 입국장에서부터 뒷돈을 줘야 했고, 택시운전사는 외국인을 마스터 (Mr. 의 식민지식 현지발음) 라고 부르며 바가지를 씌우고 런던에서 한 호텔예약은 하나마나였다. 서울과 런던으로의 국제전화 연결은 지독히 어려웠고, 말라리아에 풍토병까지,

그야말로 모든 것이 최악인 곳이었다. 거기에 살인적인 더위는 덤이었다. 한국과는 국교도 없는 코트라가 유일한 주재기관으로 수도인 라고스에서 천 킬로미터 이상 떨어진 아이보리코스트 대사관이 관할하고 있는 국가였다. 반면 북한은 대사관을 설치하고 직원들이 수시로 우리가 묵고 있는 호텔에서 마주치는 일이 적지 않았다.

그러나 우리 처지가 어려운 여건과 환경만 탓하고 있을 한가한 형편은 아니었다. USAC로부터 24척을 주문 받은 지 얼마 되지 않았지만 20~30만 톤 급 건조용 전용 독에 중형선 여러 척을 동시에 넣어 건조하다 보니 일감이 늘 부족할 수밖에 없는 상황이었기 때문이다.

1975년 가을, 나이지리아 프로젝트는 세계적인 경제 일간지 파이낸셜 타임스(Financial Times) 한구석에 난 NNSL의 신조선 입찰공고를 발견한 런던지점의 오세정 주재상무(현대목재, 두산건설 대표 역임)가 바로 영업직원을 라고스(Lagos)로 보내 사실 확인을 하고 집중공략에 나서면서 시작되었다.

소정의 절차를 밟아 참여한 국제입찰에는 영국을 비롯한 일본, 폴란드 등 무려 9개 업체가 경쟁하고 있었다. 우리는 쿠데타로 정권을 잡은 군부 실세들과 같은 고향출신으로 군사정권이 끝나면 대통령 당선이 유력하다는 타카(Chief Tarka)라는 정치인을 대리인으로 내세웠다. 국제입찰에서 대리인 선정은 사실상 필수적이었다. 하지만 타카라는 인물은 자기 이름만 믿고 큰 소리만 칠 뿐 구체적인 역할을 하는 것은 아니었다. 우리로서는 불안할 일이었다. 때문에 우리는 책임지고 수주하게 해 주겠다고 장담하고 나선 네덜란드계 현지 사업가를 추가 대리인으로 선임했다. 현지 실정에 밝고 적극적인 데다가 백인이 우대받는 곳이었기 때문에 도움이 되리라 판단했다.

국제입찰이었기 때문에 수주경쟁은 곧 정보전이기도 했다. 우리가 여러 경로로 파악한 바로는 우리 측만 부산을 떨 뿐 경쟁사들의 동향은 의외로 감지되는 것이 없었다. 우리가 불편한 현지 여건을 무릅쓰고 호텔에 진을 치고 여러 달 동안 다양한 정지작업을 해온 것과는 대조적이었다. 다른 업체들은 나이지리아의 열악한 환경에 거부감을 가지고 나이지리아의 일반적 공신력이 바닥수준이라 건조 후의 수금을 염려하여 소극적으로 나오고 있다는 정보도 들어왔다. 하지만 우리는 무조건 수주하고 봐야 하는 상황이었다.

다행히 우여곡절 끝에 최종협상 회의에 초청을 받았다. 국영회사였기 때문에 입찰심사와 가격협상은 교통부가 주관하여 진행하고 있었다. 최종협상에는 5개의 조선회사가 초청되었다. 하루에 끝내기 위해 조선소 별로 개별 상담시간이 정해졌는데, 우리는 두 번째였다. 하지만 나중에 상담하는 회사일수록 더 많은 정보를 얻게 될 것이고, 정부 측 협상 팀도 지쳐 있을 테니 유리할 터였다. 그래서 우리는 한국의 '본사'(Head Office)로부터 추가 자료를 기다리고 있다는 이유를 대면서 협상시간을 마지막으로 미뤄 달라고 요청했다. 그들은 이외로 쉽게 우리들의 부탁을 들어주었다.

협상 당일, 나와 이택기 부장(현대중공업 전무 역임)은 일찍부터 호텔을 나와 교통부 정문이 보이는 해변 모래사장의 폐선 뒤에 자리를 잡고 앉았다. 주변에는 잡다한 오폐물들이 널려있어 악취를 내고 있었다. 우리는 80여 미터쯤 떨어진 그 곳에서 출입하는 외국인들을 살펴보기 시작했다. 큰 프로젝트이니만큼 협상은 오래 걸릴 것이라 생각했지만, 협상 대표들이 나오는 것을 보아하니 그런 것도 아니었다. 1시간도 안 되어 나오는 경우도 있었다. 활기가 없는 태도와 걸음으로 보아 대부분 협상이 뜻대로 되지 않고 있음을 직감할 수 있었다.

드디어 우리 차례가 되었다. 마지막 팀이 나오고도 일부러 한참 뒤에 협상 장소에 들어갔다. 먼 바다 하늘에는 벌써 짙은 저녁노을이 넓게 퍼지고 있었다.

협상 테이블에는 나이지리아식 전통 복장과 두건을 착용한 교통부차관을 중심으로 심사위원들이 양 쪽에 나란히 앉아 있었다. 예상했던 대로 그들은 더위와 피곤에 지친 기색이 역력했다. 차관은 우리가 자리에 앉자마자 늦게 왔다며 짜증스런 태도를 보였다. 자기들 상전 노릇을 해왔던 백인들을 상대로 하루 종일 애쓴 협상에 별 성과가 없었다는 것을 그의 표정을 통해 읽을 수 있었다. 반면 체구도 작고 겸손한 태도로 임하는 동양의 새파란 젊은이들을 보고는 만만한 상대라 생각하는 것 같았다. 차관의 간결한 첫 마디에서 그것을 느낄 수 있었다.

"당신들 값으로는 도저히 안 되겠소. 무조건 10퍼센트를 더 깎아야 돼요. 그렇지 않으면 이 협상은 하나 마나요."

분위기는 그들이 일방적으로 끌고 가는 것처럼 보였다.

"존경하는 차관님, 각하의 요청은 받아들이기가 어렵겠습니다. 이미 우리는 꼭 수주 받기 위하여 최저가를 제출했습니다."

짐짓 각하(Your Excellency)라는 최고의 호칭을 사용하며 겸손하지만 단호하게 대답했다.

우리는 가격조건에서는 내심 자신이 있었으나 그들의 진의와 분위기를 더 파악하느라고 멍청하고 난처한 표정으로 머뭇거리며 시간을 끌었다.

그런 우리들의 모습을 보던 차관이 답답했던지 다시 한번 물었다.

"당신들에게 결정권이 있소? 당장 대답하지 않으면 당신들은 탈락이오."

차관은 그렇게 직설적으로 한마디 던지고 자리에서 일어나 회의실을 떠나려고 했다.

우리는 서있는 차관을 향하여 서울 '본사'(Head Office)의 지시가 없이는 안 되니 시간을 더 달라고 부탁했다. 물론 시간을 벌기 위한 작전이었다. 사실 우리는 구매나 영업을 위한 협상할 때 '본사의 지시'라는 것을 자주 이용했다. 난처한 상황에 처했을 때 혹은 시간이 더 필요할 때 사용했는데, 한국은 유럽이나 아프리카에서 지구 반 바퀴나 떨어진 곳에 있고 전화통화도 어렵다는 것을 그들도 알고 있었기 때문에 유용한 빌미가 되었다.

우리는 그야말로 본사에서 연락을 기다리는 모습으로 그 자리에 계속 앉아 있었다. 앞에 앉아 있는 다른 심사위원들에게 이런저런 질문도 던져가며 분위기를 살펴보았다. 물론 그들도 이미 지쳐 있었다. 대답하기도 귀찮다는 듯 건성이었다.

그렇게 한 10분쯤 지났을까? 그 중 인품이 좋아 보이는 기술책임자가 표정과 손가락을 이용해 무엇인가 말문을 열려는 듯 보였다. 우리는 긴장해 그를 보았다. 그가 들릴 듯 말 듯 작은 소리로 말했다.

"조금만 성의를 표해 보시오."

우리는 양해를 받고 잠시 밖으로 나와 의견을 정리했다. 그리고 5~6 분 후 다시 협상 장소로 들어섰다. 차관은 이미 돌아와 엄숙한 표정으로 앉아 있었다.

우리는 최대한 겸손하고 미안한 태도로 그들에게 말했다.

"다행히 '본사'로부터 연락을 받았습니다. 그러나 도저히 더 깎을 수는 없답니다. 다만 존경하는 차관님과 위원님들의 노고와 입장을 생각해서 제 책임 하에 1퍼센트를 조정해 보겠습니다."

우리는 일단 호의를 표한 기술위원의 조언을 믿기로 한 것이다. 하지만 차관은 의외로 완강했다.

"그 정도로는 안 되지요. 더 못 깎겠다면 당신들은 탈락이니 그렇게 알고 그만 끝냅시다."

그날 저녁의 협상은 그렇게 마무리되었다. 더 이상 우리가 할 일은 없었다. 그저 기다리는 일만 남은 것이다. 다음 날 우리는 비공식 라인을 통해 우리가 가장 유리한 입장이라는 것을 확인할 수 있었다. 차관의 엄포는 결국 자신의 결백함을 과시하고 나라를 위한다는 명분을 세우기 위한 것이었다. 다른 업체들이 우리에 비해 소극적으로 나왔기 때문에 차관은 적극적으로 달려들던 우리의 가격을 더 깎아 내리는 것이 그나마 현실적이라고 생각했을지도 모른다. 실제로 브라질, 유고슬라비아, 일본, 영국, 포르투갈 등의 조선소들은 우리와 달리 갖가지 악조건을 감수해 가면서까지 수주해야 할 절박한 이유가 없었던 것이다. 게다가 나이지리아의 협상 태도도 그들로선 납득하기 어려웠을 것이다. 무작정 "당신들 가격에서 얼마를 깎으시오!"라고 나오니 합리적이고 원만한 협상이 될 수 없었을 것이다.

며칠 후 우리는 낙찰통지를 받았다. 지루한 힘겨루기가 끝나는 시점이었다. 나는 이택기 부장 등과 함께 모처럼 가까운 해변까지 나가 홀가분한 마음으로 한나절을 즐기고 바로 다음 날 런던으로 돌아왔다.

낙찰통지를 받은 다음 여러 달에 걸친 실무협상은 우리 측의 황성혁 이사(현대중공업 전무 역임, 황화상사 대표)가 도맡아 처리했다. 황 이사는 노회한

교통부차관 등과 NNSL 계약은 그들과 우리의 한판 게임의 결과였다.

올라디탄(Oladitan) 사장을 상대로 런던과 나이지리아를 여러 차례 오가며 특유의 친화력을 바탕으로 어려운 협상을 잘 마무리했다. 그리고 입찰 참가 이후 2년 동안의 우여곡절 끝에 1977년 10월, 마침내 라고스에서 양측 사장이 참석하여 정식계약을 체결할 수 있었다. 8척을 수주한 유고슬라비아의 국영 조선소 대표도 계약 서명식에 함께 참석했다. 유고 측에서는 대사가 참석해 축사까지 해 주었는데 우리나라 대사는 북한 대사관이 있는 나이지리아에는 올 수 없다며 참석을 거절했다. 후에 대사급 외교관계가 수립되었는데 이는 민간기업이 먼저 길을 터놓은 결과였다. 이집트, 수단 등 아프리카 국가와의 외교 관계처럼 실제로 민간기업들이 길을 닦아 놓은 후에 수립된 경우들이 적지 않게 있었다.

우리가 NNSL 선박을 수주할 수 있었던 요인으로는 바로 그 1년 전에 UASC에서 유사한 화물선 24척을 수주했다는 사실과 UASC 사장 토드

(Todd) 씨가 NNSL의 초대 사장이었다는 점이 크게 작용했다. 아울러 서로 저개발국의 처지로 약자끼리 도와야 되지 않겠냐는 공감대가 형성된 것도 무시할 수 없었다. 이후 우리는 가나(일명 Gold Coast)의 블랙스타라인(Black Star Line)에서 4척, 그리고 영국에 본사를 둔 팜라인(Palm Line, Unilever 그룹)에서 1척 등 NNSL에서 수주한 선박과 유사한 서부 아프리카 교역에 투입될 선박 5척을 추가로 수주했다. 이 선박계약을 계기로 수많은 한국회사가 이 산유국의 오일달러를 벌어들이기 위해 건설, 철도차량, 전력설비, 건자재 공급 등 다방면에 진출했다. 이후 1980년 초 두 나라는 정식으로 대사급 외교관계를 수립했고, 초대 대사에 임동원 씨(전 국정원장)가 부임했다. 1979년에는 정주영 회장이 경제사절단을 이끌고 방문했고 80년대 초에는 양국의 대통령이 상호 방문하는 수준으로 발전했다.

나이지리아 교통부와의 마무리 담판

시작이 어려우면 마무리도 어렵다고 했던가? 어렵게 수주한 나이지리아 프로젝트 때문에 우리는 한 차례 큰 홍역을 치러야 했다. 일감이 부족했던 터라 조선소에서는 선주로부터 받은 도면과 시방서에 따라 서둘러 건조에 들어갔고, 그런데 배가 완성될 때쯤이 되어 예상치 못한 문제점이 드러났다.

통상적으로 배를 건조하면서 총 중량을 수시로 체크하는데, 배의 무게가 계약서에 명시된 상한치를 크게 초과한 것이다. 총 중량이 초과하면 당연히 계약에 명시된 화물 적재능력과 운항속도를 지킬 수 없게 된다. 이에 선주 측 감독관이 즉시 시정을 요구하고 나섰다. 사실 그 정도면 대규모 위약금에, 인수거부 사태까지 이를 수 있는 심각한 문제였다.

조선소로서는 손을 써야 했다. 당장 선박에 설치한 쇠붙이를 바꾸거나 잘라내고, 사다리와 선용품의 재질을 알루미늄으로 교체하는 등의 법석을 피왔다. 하지만 크게 도움은 되지 않았다. 그것도 한 두 척이 아니어서 난감한 문제였다. 이런 문제가 생긴 것은 무엇보다 영국 조선소에서 작성한 설계도면을 믿고 적절한 검토나 모형테스트 없이 사용한 것이 원인이었다. 조선업의 원조 격인 영국 조선소 실적선의 자료들로 로이드 선급에서 승인 받아 사용한 것이니 별다른 의심 없이 사용한 것이다. 뿐만 아니라 신생 조선소인 우리의 상세설계 능력도 부족했다. 영국에서는 상세 도면이 없어도 숙련된 현장 근로자의 판단과 경험에 의해서 건조해 나가는데 반해 우리 근로자들은 그럴 능력이 부족했던 것이다. 결국 상세도면을 준비하지 못한 채 밀어붙인 것이 화근이었다. 게다가 사후 대처도 문제였다. 선주 측의 요구에 대한 근본적인 시정 없이 건조작업을 계속한 것이다. 이 같은 사실을 선주 측 감독대표는 본사에 보고했고 본사는 바로 중도금 지불중지를 통지해왔다. 조선소로서는 심각한 국면이었다. 시정조치는 물리적으로 한계가 있고 건조작업을 중단한다는 것은 더더욱 생각할 수도 없는 상황이었다.

  기술적 해결은 바랄 수 없게 되고 말았으니 계약관리 책임이 있는 영업 쪽에서 나설 수밖에 없었다. 우리는 계약서를 한 줄 한 줄 검토하기 시작했다. 대안이 나올 수 있는 것은 계약서 밖에 없다는 판단이 들었기 때문이다.

그리고 마침내 해결의 실마리를 찾아냈다. 계약서에 따르면 선주는 선박 건조가 계속되는 한 중도금은 계약에 명시된 시점에 반드시 지불할 의무가 있었다. 건조 중인 선박의 결함을 이유로 지불을 거부하는 것은 명백한 계약위반이었던 것이다. 우리는 당장 선주에게 중도금 지불기한을 지키지 않았음을 지적하고 지불이행을 촉구했다. 계약조항에 의하면 30일 동안 지체되면 오히려 우리가 선박계약을 취소할 수 있는 권한을 갖고 있었다. 지불기한이 30일이 넘어가자 우리는 선주에게 계약조건에 따라 계약을 해지하고 조선소가 임의로 대금회수를 위한 조치를 하겠다고 통보했다. 그들에게 계약해지 통보는 폭탄선언이나 다름없었다.

나는 이 방법이 난국을 돌파할 수 있는 유일한 길이라고 판단했다. 그러자 NNSL은 물론이고 나이지리아 교통부까지 비상이 걸렸다. 이 문제를 현지 언론들까지 크게 다루면서 나이지리아 정부도 난처한 상황에 처하게 되었다. 물론 우리 측에서도 긴장을 늦출 수는 없었다. 하지만 계약서에 의하면 우리가 크게 손해 볼 것은 없었다. 계약해지 후에는 배를 우리 마음대로 처분할 수 있었고, 손해가 있으면 손해액을 NNSL에 청구할 수 있도록 명시하고 있었기 때문이다. 배를 지어 팔든 건조를 중단하든 그것은 조선소의 재량권이었다. 결국 나이지리아 쪽이 더 다급한 문제였다.

예상대로 나이지리아 교통부로부터 연락이 왔다. 차관이 직접 나올 테니 런던에서 면담을 갖자는 것이었다. 내가 계약해지 통보를 했던 것은 타협을 위한 압박수단이었으므로 면담제안을 거절할 이유가 없었다. 곧 런던으로 날아갔다. 양측은 지정된 호텔(Inn on the Park) 회의실에 마주앉아 면담을 시작했는데, 처음부터 우리가 우위에서 시작할 수밖에 없는 게임이었다. 악수를 마치고 수인사가 끝나자 내가 먼저 말문을 열었다.

나이지리아 교통부차관과 직접 담판을 지었고, 결국 문제는 쉽게 해결되었다.

"지금까지 우리 조선소에서 이런 일은 처음이오. 중량문제는 원천적으로 선주가 우리에게 준 부실한 영국 조선소의 설계서류에서 비롯된 것인데 해결방안을 함께 모색해 보려는 생각도 하지 않고 중도금 지불거절부터 한 것은 이해할 수 없고 더구나 이는 명백한 계약위반입니다."

그러자 차관이 침착한 어조로 말했다.

"이런 문제로 시끄러워지는 것은 현대에도 좋을 것이 없지 않습니까. 이 난제를 해결하고자 먼 길을 와서 마주 앉았으니 이제라도 함께 해법을 찾아보도록 해 봅시다."

차관에게서 고위관료의 세련미와 자신감을 읽을 수 있었다. 그러면서 차관이 한 마디 덧붙였다.

"해약통지를 철회할 용의는 있습니까?"

"몇 가지 전제조건만 받아준다면 철회 못할 이유는 없습니다."

차관이 부드러운 눈으로 고개를 끄덕였다.

나는 준비해 온 조건들을 나열했다.

미불된 중도금은 계약대로 즉시 지불하고, 중량초과에 따른 손해배상책임은 전부 면제하며, 선박인도 후 애프터서비스는 최소화 한다, 등이었다. 계약해지 문제가 국내외로 더 파급되는 것을 염려한 차관은 얼마간의 줄다리기 끝에 결국 우리 측 제안을 원칙적으로 수용하겠다는 입장을 밝혔다. 그리고 합의 문서를 작성하고 서명을 마치면서 문제는 해결되었다.

그 문제를 해결하고 가벼운 마음으로 귀국한 다음 날 일찍 정주영 회장에게 경과보고를 할 때의 일이다.

"그래, 음 전무 수고했어. 아주 잘했어."

문제의 심각성을 잘 알고 있던 회장은 기쁜 모습을 감추지 않았다.

분위기는 한껏 좋았다. 이 분위기를 이용하여 나는 정 회장에게 조심스럽게 말을 꺼냈다.

"저 회장님, 종합상사에 수수료를 좀 주시지요."

당시 선박영업팀은 1978년부터 현대종합상사 소속으로 활동 중이었다.

대답은 바로 나왔다.

"얼마면 돼?"

"백만 불쯤이면 됩니다."

"그래? 알았어."

시원스레 대답을 마친 정 회장이 그 자리에서 바로 조선소의 이춘림 사장을 전화로 불렀다.

"이봐 이 사장, 그 나이지리아 배 문제 다 해결했어. 그러니 종합상사에다 수수료 좀 줘. 한 백만 불만…"

정주영 회장은 큰 소리로 짧게 지시하고는 바로 수화기를 내려놓았다. 배를 잘 못 만들었고 해결도 못하고 있는 것을 지적하는 뉘앙스가 풍기는 어조였다. 회장실을 나온 나는 홀가분하고 약간은 들뜬 마음으로 사무실로 돌아왔다.

잠시 후 중공업 서울책임자인 이현태 전무(현대 종합기획실장, 현대석유화학 회장 역임)가 나를 불렀다.

"당신 그렇게 잘났어? 누구는 회장실을 갈 줄 몰라서 안 가는 줄 알아? 그 배 짓느라고 고생만 하고 큰 손해까지 보게 됐는데 무슨 놈의 커미션이야? 커미션 좋아하시네."

성질이 불같고 고교 선배이기도 한 이 전무가 눈을 똑바로 뜨고 소리쳤다. 이유는 곧 알게 되었다. 정 회장의 느닷없는 전화지시를 받은 이춘림 사장이 "종합상사에 백만 불이나 주라는데 대체 무슨 일이야?"하며 이 전무에게 물었고, 영문을 알 길 없는 이 전무는 아무 것도 모르고 앉아 있느냐고 한 방 먹은 것이었다. 회장실을 다시 찾아갈 수도 없어 결국 한바탕 소동 끝에 수수료는 한 푼도 받지 못하고 말았다. 정 회장은 크게 인심을 쓴 셈이 되었으나 나는 엉뚱한 욕만 먹고 아무런 실속도 못 차린 꼴이 된 것이다. 사실 금액으로 따지기도 힘든 난제를 해결해 냈으니 얼마간의 수수료 지불은 지금 생각해도 무방한 일이었다.

   NNSL로부터 배를 수주했을 때 조선업계에서는 현대가 수금을 제대로 못할 것이라는 말들이 돌기도 했다. 나이지리아 업체와 큰 계약을 해서 돈을 제대로 받은 곳을 본 적이 없다는 것이 세간의 정평이었다. 하지만 우리는 수주단계에서부터 유능한 직원을 나이지리아 지점에 주재시켜 현지의 일처리 방식을 터득할 수 있도록 했다. 우리 직원은 수금과 관련해 여러 정부기관과 은행을 거치는 복잡한 수속절차를 손수 처리하는 등 남다른 노력으로 수금을 비롯한 계약관리 업무를 무난히 처리했다. 그리고 다른 분야의 사업인 변압기, 철도차량, 일반상품 등의 수주 활동도 성공적으로 해냈다.

아스리 조선소(ASRY) 공사 수주

중동 산유국에 몰려드는 오일달러를 벌어들이기 위해 현대는 많은 공을 들였다. 경영진은 특히 이란의 건설공사 수주를 위해 노력을 집중하고 있었다. 이란은 중동의 대국인 데다 중동의 다른 나라에 비해 양국간 교류도 많은 편이었기 때문이다. 이란의 고위인사를 초청해 서울 강남의 중심지에 '테헤란로' 라는 이름까지 붙여가며 국가적 차원에서 이란진출을 측면 지원했다. 현대 역시 테헤란에 지점을 설립하고 수주활동을 펼쳤다. 하지만 생각보다 일이 더디고 결과는 기대 이하여서 1975년 페르시아 걸프연안에 계획된 동원 훈련 조선소 건설공사를 1,200만 달러에 수주한 것이 성과의 전부였다.

기울인 노력에 비해 성과는 미미했지만 중동진출의 분위기는 무르익고 있었다. 국내에서는 아랍연합해운으로부터 24척의 화물선 수주를 계기로 중동 산유국들과의 관계가 빠른 속도로 개선되고 있었던 것이다. 특히 배가 완성되어 명명식(Naming Ceremony)이 있을 때마다 아랍의 고위층 인사를 대규모로 초청하여 정성을 다해 환대하는 등 공을 들였다. 뿐만 아니라 정주영 회장은 1975년을 중동 진출의 원년으로 삼고 아랍어 홍보영화를 제작 배포하는 등 노력을 다했다. 정부 차원에서도 산유국과의 관계개선을 위하여 사우디아라비아를 비롯한 아랍석유수출국기구(OAPEC) 고위층 인사들을 한국에 수시로 초청하여 한국의 주요 산업시설을 시찰시키는 등 후원을 아끼지 않았다. 그 산업시찰 코스에는 세계 최대 규모를 자랑하는 울산 현대조선소와 포항제철소 그리고 현대자동차가 반드시 포함되어 있었다.

한편 국제적으로는 1973년 시작된 유가폭등으로 산유국에 오일달러가 집중하면서 국제경제가 급격히 위축되고 있었다. 따라서 오일달러를 재순환시키는 글로벌 메커니즘이 필요했고, 최대 산유국인 사우디아라비아의 유전개발, 생산 및 판매 등 석유산업을 실질적으로 관장하고 있는 미국이 주도적 역할을 할 수밖에 없었다. 이 같은 배경 아래 대규모의 사회 간접시설, 즉 도로, 항만, 전력, 주택, 해운, 군사시설, 유화공장 등 광범위한 건설 사업이 벡텔, 브라운 앤 루트(Brown & Root) 등 미국계 건설기술회사가 중심이 되어 계획 추진되었다. 그러나 아무리 공사가 많이 나와도 수주의 실마리를 찾아내지 못하면 그림의 떡일 뿐이었다. 현대가 중동의 황금시장에 진출하는 데 첫 교두보가 된 바레인의 대형조선소 건설에 대한 정보를 얻게 된 것은 아주 우연히 얻은 행운이었다.

당시 현대조선은 선박수리사업을 일본의 가와사끼 조선소와 공동으로 추진하고 있었다. 그래서 일본 기술자가 수시로 우리 런던지점으로 출장을 오곤 했는데, 자연히 일본말이 능통한 이정상 부장(현대중공업 전무 역임)이 자주 만나게 되었다.

1975년 초 어느 날, 업무를 마치고 두 사람이 피카딜리(Piccadilly)에서 함께 술자리를 가진 모양이었다. 그런데 그 자리에서 일본 기술자가 이 부장에게 지나가는 말처럼 한마디를 던졌다.

"혹시 바레인에 대형 수리조선소 건설이 있다는 사실 알아요?"

이 부장은 물론 금시초문이었다. 일본 기술자는 그 일에 대해 더 자세히 알아보려면 누구를 찾아가서 만나보라는 말까지 해 주었다. 그 사람의 집이 마침 우리 사무실에서 가까운 곳에 있었다. 다음 날 우리는 오세정 상무를 필두로 일본인 기술자가 알려준 사람을 찾아가 정중히 도움을 요청했다. 혹시나 하고 갔는데, 이태리계의 그 영국인 신사는 조선소 건설사업 전반을 주관하고 있다는 설계회사를 친절히 소개해 주었다. 그때 소개받은 회사가 스코틀랜드 출신의 저명한 토목 엔지니어가 설립한 '서 알렉산더 깁' (Sir Alexander Gibb & Partners)이라는 유명한 엔지니어링 회사였다. 이 회사는 런던 근교의 소도시 레딩(Reading)에 있었다. 나는 바로 그 회사를 찾아가 담당 엔지니어를 만났다. 그리고 우리 회사를 소개하면서 어떻게 하면 참여할 수 있는지 그 방법을 물었다.

"현대는 한국 최대의 건설회사로, 해외건설 경험이 풍부하고 영국의 기술과 차관을 받아 초대형 조선소를 건설해 운영하고 있다."는 점을 특별히 강조했다. 나이가 50대 초로 보이는 그 엔지니어는 의외로 친절하고 자상했다. 그리고 현대에 대하여 사전지식이 있는 것 같았다. 그러면서 새파란 한국 젊은이가 혼자 영국의 한적한 소도시까지 찾아왔다는 사실에 신기해하는 모습이었다. 그러나 정작 그의 대답은 실망스러웠다.

"미안하지만 너무 늦은 것 같소. 입찰자격 심사신청서 접수는 이미 마감

되었소."

하지만 나는 그에게 도와달라고 매달리는 수밖에 없었다.

"무슨 방법이 없겠습니까? 제발 좀 도와주십시오."

그러자 그 엔지니어가 희망 섞인 대답을 내놓았다.

"늦기는 했지만 준비된 서류가 있으면 제출해 볼 수는 있는 것 아니겠소. 전체 사업계획은 우리들이 컨설팅 하지만 입찰자격 심사는 포르투갈에 있는 조선소가 하오. 시간이 없으니 될수록 속히 조선소를 방문해 보는 게 좋겠소."

그러나 그 당시 런던지사는 조선관련 업무만 하고 있었기 때문에 현대건설 소속 직원도 없었고 건설공사 입찰자격 신청에 필요한 자료를 갖고 있지도 않았다. 우리는 일단 현대건설 본사에 즉시 경과보고를 하고, 최대한 빨리 자료를 보내 줄 것을 요청했다. 그리고 다음 날 아침 출근해 보니 2미터에 달하는 텔렉스 메시지가 도착해 있었다. 팩스도 없던 시절, 본사에서도 하루 종일 텔렉스 타이프를 펀칭 해 보낸 것이다.

자료를 받았으나 텔렉스 카피를 그대로 가져갈 수는 없었다. 최소한 책자의 모양새를 만들어야 했다. 본사 및 동경지검에서 파견 나온 여직원 두 명

(임순옥, 김옥순)이 밤을 새워가며 서류형식에 맞추어 타이프를 치고 한쪽에서는 책자 모양으로 정리를 해서 그럴듯한 서류를 만들어냈다.

나는 미리 조선소가 있는 리스본 행 마지막 비행기 표를 예약해 놓았다. 하지만 문제가 있었다. 그때 1974년 기준 현대건설의 연간 총매출이 2.5억 달러(1,200억 원)에 불과했고 직원 수도 1,000명이 되지 않았다. 그런데 당시 우리가 입찰에 참가하려고 한 공사규모를 정확하게는 알 수 없었지만 국제 입찰을 하는 공사 규모가 절대 작지 않으리라는 예상은 할 수 있었다. (후에 알아보니 1억 5천만 달러에 달했다). 아무래도 있는 그대로 입찰에 참가해서는 좋은 결과를 내기 어려울 것 같았다. 결국 실적을 좀 부풀려서 만든 서류를 가지고 일단 부딪혀 보는 수밖에 없다는 생각이 들었다.

그날 늦게 리스본 공항에 내려 다음 날 리스나베(Lisnave)의 조선소를 찾아갔다. 마침 내가 찾아간 시간이 출근시간이라 정문은 북새통이었다. 영어를 못 알아듣는 경비원에게 소개받은 책임자 이름을 종이에 써서 보여 준 다음에야 겨우 책임자 방으로 안내를 받았다.

그곳에 가서야 비로소 공사에 대해 구체적인 내용을 들을 수 있었다. 공사는 걸프 지역의 교통요지이면서도 기름이 거의 나지 않는 섬나라 바레인

(Bahrain)에 최대 50만 톤 급 유조선을 수리할 수 있는 조선소를 새로 건설하는 것이었다. 이란을 포함한 걸프 지역 산유국에 출입하는 배들이 지나는 길목에서 수리사업을 하겠다는 것으로 OPEC 회원국의 단합을 상징하는 공동프로젝트였다. 기본계획은 영국 컨설팅회사에서 진행하고, 건설감리와 운영은 선박수리에 경험이 많은 포르투갈의 리스나베(Lisnave)조선소의 몫이었다. 그때 준설 매립 공사는 이미 진행되고 있었고, 본 공사인 드라이 독(Dry Dock) 및 각종 건물과 가공공장 건설, 그리고 기계장치 설치공사가 입찰대상이었다. 현대에 장점이 있는 공사라는 생각이 들었다. 당시 대형 조선소를 실질적으로 건설해서 성공적으로 운영하고 있는 최신식 조선소가 현대조선이었기 때문이다. 게다가 UASC 선박 건조로 중동 각국에서 현대에 대한 인지도와 공신력은 이미 형성된 상태였다. 금액 면에서 연간 시공능력은 부족했지만 그 외의 조건들은 모두 갖추고 있었다.

다행히 리스나베 조선소의 담당자는 이미 늦었지만 서류를 두고 가라고 했고, 나는 일단 신청서류를 접수시키고 런던으로 돌아와서 계속 서류를 보완해 나갔다. 그리고 얼마 후 1단계 드라이 독 토목건설 부분에 대한 입찰자격을 받아냈다. 이어서 2단계 공사인 조선소의 사무동 및 숙소, 식당, 창고 등의 건축공사를 포함한 기계전기 공사 패키지에 대한 입찰 자격심사가 있었는데, 우리는 2단계 공사에서도 입찰자격을 받아냈다.

현대건설은 두 패키지에 모두 입찰하였는데 일은 우리에게 유리하게 전개되고 있었다. 발주처의 내부방침이 바뀌어 1차, 2차 패키지를 분리하지 않고 통합하여 발주하기로 결정된 것이다. 발주자 쪽에서 공사관리를 쉽게 하기 위해 내린 결정이었는데, 우리로서는 더없이 좋은 소식이었다. 조선소를 포함한 종합건설업의 경험이 풍부한 현대 외에는 이렇다 할 경쟁업체도 없었기 때문이었다. 실제로 이 프로젝트는 처음 자격획득 문제로 정신없이 바빴던 것과는 달리 별다른 문제없이 수주할 수 있었다.

이 공사가 유명한 아스리(ASRY, Arab Shipbuilding & Repair Yard) 건설공사다. 1975년 10월에 계약한 공사금액 1억 5천만 달러 규모로, 당시까지 국내 건설업체가 중동에서 수주한 최대 규모의 공사였다.

이 공사의 수주는 본격적인 중동 진출을 알리는 서막으로 1975년 10월에 착공, 만 2년 만인 1977년에 성공적으로 완공했다. 이 공사에는 한국인 기술자와 근로자를 주축으로 연인원 90만 명을 투입했고 많은 국산 기자재를 사용했다. 현대는 이 공사로 대형공사 시공능력을 국내외에 과시하게 되었고 특히 중동에서의 국제적인 공신력도 크게 높아졌다.

아스리 입찰 건을 계기로 런던사무소는 현대건설의 공사수주 업무도 맡아 하게 되었고 현대건설 소속 직원도 충원 받았다. 나는 원래 현대건설 해외사업부 출신이었던 데다 기자재구매 관련 업무는 이미 체계화 되어서 자연스럽게 건설공사 수주업무도 맡아하게 되었다. 이런 연유로 중동의 여러 대형공사 입찰자격을 따는 일에 직접 관여했고, 현대 입사 후 10년 만인 1976년 1월 이사로 승진되었다.

사우디아라비아 해군기지 공사수주

아스리(ASRY) 조선소 입찰자격을 받은 지 얼마 후, 본사의 권기태 토목 총괄부사장(한라건설 사장 역임)으로부터 전화 한 통을 받았다. 중동지역 군사시설을 관장하는 미 육군 공병단(COE) 지중해 본부가 피사(Pisa)에 있는데 그곳에 큰 공사가 있으니 가서 알아보라는 것이었다. 본사의 지시는 단순했다.

"그곳에 공사가 있다고 하니 가서 알아봐라."가 전부였다.

가서 누구를 만나야 된다거나, 어떤 공사라거나 하는 설명은 없었다. 그러니 누구에게 확인할 수도, 사전 약속을 할 수도 없었다. 무작정 찾아 나서야 했다. 항상 여럿이 몰려다니는 일본 회사와는 달리 우리는 출장을 대부분 혼자 다녔다. 물론 인력과 비용이 부족했기 때문이기도 했다. 그날도 가방 하나와 아스리 조선소 입찰용으로 제출했던 입찰자격 신청 자료를 챙겨

들고 기울어진 탑으로 유명한 이탈리아 피사(Pisa) 행 비행기에 올랐다.

항상 그랬지만 비행기에 오르면서 생각한 것은 막연한 기대와 닥치면 해낼 수 있다는 자신감이었다. 아무것도 없는 백지상태에서도 주어진 임무를 처리해내기 위해 앞만 보고 나아갔다. 그것이 가당치도 않은 무모한 도전이라고 해도 우리가 할 수 있는 일은 그것 외에 다른 방법이 없었다.

피사 공항에서 택시운전사의 도움을 받아 근교에 주둔한 미국 공병대를 찾아갔다. 누구를 만나야 할지 몰랐지만 경비초소의 군인에게 대충 방문목적을 설명하고는 안내를 받았다. 몇 개의 사무실을 거쳐 공사계약 책임 장교를 만날 수 있었다. 큰 사무실 창가에 앉아 있던 중령은 환영한다며 나를 친절히 맞아주었다. 그에게 간단히 방문목적과 현대건설에 대해 소개했다. 중령은 내가 찾아온 목적을 이해한 듯 다른 한쪽에 앉아있는 담당 문관에게 나를 안내하며 잘 도와주라고 말하고는 자기자리로 돌아갔다.

문관은 호감을 주는 초로의 엔지니어였다. 그는 아내가 일본사람이라며 동양인인 나에게 친밀감을 표시했다. 나중에 알게 된 사실이지만 내가 찾아갔을 때는 이미 삼환기업의 최종환 회장 등 몇몇 한국 건설업체 고위층이 다녀간 뒤였다.

그 문관으로부터 나는 사우디아라비아에 해군기지 확장공사(SNEP: Saudi Naval Expansion Program, Offshore Facilities)가 있다는 사실을 처음으로 전해 들었다. 이 공사는 걸프 연안을 출입하는 선박의 안전운항을 위해 주베일(Jubail) 지역의 해군용 항만시설을 확장하는 사업이었다. 이 해군기지 확장공사는 사실상 유사시를 대비하여 중동의 석유자원 및 생산시설을 보호하기 위한 군사시설을 건설하는 것이었다. 그곳 해군시설들은 이라크와의 걸프전에서 미국의 중요한 군사시설로 사용되었는데, 사실상 중동의 항만시설 건설계획 대부분은 유전지역 보호가 필수적인 미국 측의 장기전략 기획에 따른 것들이었다.

현대와 미군은 이미 월남과 괌에서 일을 함께 진행해 본 경험이 있었다. 그들에게 현대는 기술 인력의 동원능력과 시공경험 면에서 다른 건설업체에 비해 잘 준비된 업체로 적극적이고 신용이 있으며 시공경험도 풍부하다는 이미지가 확립되어 있었다. 나는 그 자리에서 현대에 대한 자랑을 한껏 늘어놓았고, 그는 기분 좋게 맞장구를 쳐 주었다. 그러고는 양식 몇 장을 꺼내 내게 내밀었다. 미 공병단 규격의 군납업체 자격신청서였는데, 일종의 업체등록서류였다.

10쪽짜리 분량의 등록양식을 놓고 나는 고민에 빠질 수밖에 없었다. 가져간 자료만 놓고 가면 좋겠는데 그 많은 내용을 그 자리에서 새로운 양식에 모두 채워 넣어야 하니, 쉬운 일이 아니었기 때문이다. 게다가 내용 중에는 내가 임의로 채워 넣기 곤란한 항목도 있었다.

내가 고민하고 있다는 것을 눈치 챈 문관이 물었다.

"어떻게 하겠소? 돌아가서 작성을 해 오겠소?"

잠시 침묵이 흘렀다. 최선을 다 해보고 안 되면 그때 가서 다시 생각해 보자는 생각이 들었다.

"아닙니다. 여기까지 왔는데 한 번 작성해 보겠습니다."

"그렇게 하시오."

"타자기 좀 빌려주실 수 있겠습니까?"

"물론이지요."

그는 나를 타자기가 있는 빈 책상으로 안내해 주었다.

나는 거기에 앉아서 타자를 찍기 시작했다. 그런데 또 바레인에서 고민했던 문제가 생각났다. 현대건설의 매출 2.5억 달러, 그 실적으로는 큰 공사

수주가 어렵다는 생각이 들었다. 그래서 나는 실적을 4억 달러 정도로 늘려 잡았다. 어차피 누가 검증할 것도 아니라는 생각이 들기도 했다.

원래 서투른 타자 솜씨에 구식 수동 타자기라서 진도는 더디기만 했다. 모두 점심을 먹으러 나간 시간에도 나는 혼자 남아 열심히 찍어대고 있었다. 그 모습이 안쓰러웠던지 젊은 여직원이 다가와 말했다.

"뭐 좀 먹고 하지 그래요?"

하지만 어디 가서 뭘 먹어야 하는지도 몰랐고, 아직 찍어야 할 일도 많이 남아 있었으니 나로서는 뭐라 대답할 수가 없었다. 그러고 있는 나에게 다시 말했다.

"1층에 내려가면 도넛과 커피가 있으니까 가서 먹고 해요."

"잘 알았습니다. 고맙습니다."

하던 일을 멈추고 나가기도 그렇고 해서 그 후로 한 시간 가까이 더 찍어댔다. 하지만 배도 고프고, 팔까지 저려와 속도는 점점 느려졌다. 나는 잠시 쉴 겸 하던 일을 멈추고 급한 대로 1층에 내려가 도넛과 커피를 간단하게 먹고 다시 올라왔다.

한참 더 일한 끝에 총 정리까지 마쳤다. 내가 식사도 거른 채 타자기를 찍어대는 모습을 그 방 공간에서 일하는 사람이 모두 지켜보고 있었다.

나는 마침내 서류 작성을 마치고 문관에게 제출했다.

"여기, 신청서 작성을 다 마쳤습니다."

서류를 훑어보던 문관이 고개를 끄덕였다.

"좋아요. 아주 잘됐어요."

억지로 불리고, 때로는 창작을 하고, 기억을 더듬어 작성한 자료에 대한 평가치고는 훌륭했다. 그리고 다음 날 나는 그 지역 명소인 피사의 사탑(斜塔)을 둘러보고 런던으로 돌아왔다. 그곳을 지난 2008년 33년 만에 방문하여 옛날 기억을 떠올렸는데 감회가 새로웠다.

피사 출장에서 돌아온 지 얼마나 지났을까? 우리에게 입찰참가 자격이 주어졌다는 반가운 통지가 날아왔다. 수정보완 요청도 없이 쉽게 통과되었으니 꿈같은 일이었다.

나는 바로 그것이 현대의 역량과 공신력의 소산이었다고 믿는다. 대형공사를 소화할 수 있는 저력을 가진 회사, 아무리 어려운 조건에서도 일을 치러낼 수 있는 회사라는 것을 발주처 당국자는 이미 알고 있었다고 믿었다. 그랬기에 여러 업체가 정보를 가지고 있었는데도 불구하고 결국은 현대에게 기회가 주어진 것이었을 것이다.

　이 공사는 현대가 사우디아라비아에서 벌인 첫 대형 토목공사였다. 그리고 이를 계기로 현대는 본격적으로 사우디아라비아 건설시장에 상륙할 수 있었다. 공사 규모는 1억 8,150만 달러였고, 바레인의 아스리(ASRY) 조선소 공사를 착공한 지 불과 2개월 만에 착공함으로써 현대는 2개의 대형공사를 동시 추진하는 저력을 보였다. 이 해상기지 확장공사는 설계변경으로 인해 2억 2천만 달러 규모로 늘어났다. 뿐만 아니라 이어서 수주한 해군기지 육상 시설공사까지 3억 6천만 달러에 추가로 수주함으로써 현대의 중동 건설시장에서의 위치는 더욱 확고부동해졌다.

사상 최대의 주베일 산업항 프로젝트 수주전쟁 전말

사우디아라비아의 동해안 지역인 주베일(Jubail), 그곳에서 또 하나의 대형 건설 프로젝트가 진행되고 있었다. 같은 지역의 해군기지 공사수주가 확정된 지 얼마 후인 1975년 가을, 본사에서 또 한 통의 전화가 걸려왔다.

"주베일에 큰 항만 준설공사가 있다니까 입찰자격을 받아내시오."

그 짤막한 지시를 받은 우리는 현대건설에서 새로 잘 만들어 온 입찰자격 신청서(Prequalification Application Documents)를 지참하고 심사를 맡은 엔지니어링 회사를 방문했다.

마침 우리 사무실에서 차로 10여 분 거리에 위치해 있던 '서 윌리엄 할크로'(Sir William Halcrow)라는 회사였다. 주로 영국의 옛 식민지였던 영연방(Common Wealth) 국가의 개발사업 관련 기술용역을 전문으로 하는 세계적인 회사였다.

그런데 우리가 찾아갔을 때는 이미 1차 준설공사 발주가 끝난 상태였다. 한참 늦은 정보를 가지고 거대 공사를 수주하겠다고 찾아간 것이다. 그래도 천만 다행으로 2단계의 방파제 건설과 유조선접안시설(OSTT, Open Sea Tanker Terminal)공사가 남아 있었다. 관심이 있으면 신청을 해 보라고 엔지니어링 회사가 귀띔을 해 주었다. 우리에게는 다행스러운 일이 아닐 수 없었다. 산유 대국 사우디 공사라면 무슨 일이든 해야 할 우리가 망설일 이유는 없었기 때문이다.

우리는 그 자리에서 회사소개를 하고 준비하여 간 서류를 먼저 제출한 다음 그쪽에서 추가로 요청하는 자료를 보완해 서둘러 정식 신청서를 제출했다. 그때도 회사의 실적이 마음에 걸렸다. 그러나 그때 우리는 따내려고 하는 공사의 규모가 얼마나 되는지 짐작도 못하고 있었다. 우선 자격부터 따놓고 보자는 식이었기 때문이다. 우리에게는 입찰자격을 따내는 것보다 더 긴급하고 중요한 일은 없었다. 그 다음 단계의 과제는 그때 가서 맡아 할 다른 사람들 몫이었다. 당장 우리의 임무인 입찰자격을 따내면 현지답사, 견적 그리고 입찰서 준비 등은 본사 책임자가 하면 되는 것이었다.

이 프로젝트의 입찰자격심사도 역시 통과되어 얼마 지나지 않아 입찰안

내서를 받아 쥐면서 중동에서 연속 3건의 대형 공사자격을 획득하는 행운이 이어졌다. 이미 선진국의 톱클래스 종합건설회사 9곳에 입찰자격이 부여된 이후 나머지 한자리를 뒤늦게 신청한 현대가 아시아권 대표로 차지한 것이다. 물론 쉽게 되리라고 생각한 것은 아니었지만 행운의 여신은 늘 그렇게 '준비된 국가대표 현대' 의 손을 들어주었다.

현대는 1976년 2월, 입찰서를 제출했다. 그리고 투찰 금액 9억 3천만 달러를 써낸 현대건설이 최저 응찰자로 공식 발표되었다. 가장 많이 쓴 미국 회사의 절반이었고, 차점자보다 무려 3억 달러가 적은 액수였다. 입찰액수의 차이가 많이 나면서 회사 안팎에서 견적이 잘못된 것 아니냐는 우려의 소리가 나오기도 했다. 단일 공사 금액이 10억 불이나 되니 입찰결과는 곧바로 세계적인 뉴스가 되었다.

건설업계의 긴장된 관심 속에 세부적인 입찰심사가 진행되고 있는 시점에 브롬프턴(Brompton) 가에 있는 비좁고 허름한 런던 사무실에 거구의 다섯 남자가 들이닥쳤다. 주베일 산업항 공사에 투찰한 유럽의 막강한 건설회사의 고위간부들이었다. 모두 거구의 인물들이었다. 사전에 연락은 왔었지만 우리로서는 긴장되고 불안스러운 불청객이었다.

마땅한 크기의 회의실이 없어서 직원숙소로 쓰는 좁다란 방을 대충 정리해서 안내했다. 회의실도 못 갖춘 개도국 한국의 건설회사가 자기네를 상대로 경쟁을 하자고 나왔으니 내심 놀라고 한심한 생각이 들었는지도 모를 일이다. 수인사를 끝내고 명함을 교환하고 나자 그들 중 대표로 보이는 사람이 굳은 표정으로 말문을 열었다.

"당신들이 그 공사를 맡기도 어렵겠지만 맡게 된다고 해도 현대는 결단 날 것이 분명하오. 내 장담하오. 그러니 지금이라도 입찰을 취하 하는 것이 좋을 것이오."

전혀 예상하지 못한 이야기였다. 아무런 대응도 못하고 있는 우리에게 그들은 해법이라며 한 가지를 제시했다.

"만약 지금이라도 포기만 하면 당신들이 입찰한 금액한도에서 우리가 당신들에게 필요한 일감을 보장 해줄 용의가 있소."

듣고 보니 그들의 제안은 산업항 건설공사를 자기들이 입찰한 높은 금액 (약 13억 달러)에 수주해서, 현대에게 9억 3천만 달러에 하청을 주겠다는 것이었다. 사실 그렇게만 된다면 우리로서는 손해 볼 것이 없는 제안이기는 했다. 고심 중인 수주문제를 쉽게 풀어갈 수 있는 방법이기도 했다. 그들 역시 일을 쉽게 풀어가는 방법이라며 우리를 설득했다. 9억 3천만 달러짜리 하청공사는 실로 어마어마하게 큰 제안이었다.

"잘 알아들었습니다. 다만, 우리 런던사무소에서는 아무런 답변을 할 수가 없으므로 서울 본사에 보고하여 지시를 받도록 하겠습니다."

일단 조심스럽게 발뺌을 할 수밖에 없었다.

"그럼 본사에 보고해서 이 제안에 관심이 있는지 결과를 빠른 시간 안에 알려 주시오."

그들은 그렇게 물러 나갔다.

우리는 당장 정주영 회장에게 직통 전화로 자세한 내용을 보고했다. 정주영 회장 역시 놀라워하는 듯했다. 잠시 후 정주영 회장이 차분한 목소리로 말했다.

"이봐, 그 사람들에게 당장 못하겠다는 답변은 하지 말고, 본사에서 긍정적으로 검토해보겠다고 말하더라고 해. 그리고 서둘지 말고 시간을 끌어보고 변화가 있으면 곧 보고 해."

우리는 유럽 업자 측에 본사에서 검토 중이라는 간단한 통지만하고 다음 반응을 기다렸다. 그들이 필요하면 전화할 일이었기 때문이다. 아무튼 우리가 먼저 나설 일은 아니라고 판단했다. 하지만 큰 소리 치고 갔던 그 사람들로부터는 이후 어떤 연락도 오지 않았다. 자기네 의도대로 일을 풀어나가기에는 이미 상황이 너무 늦었다고 판단했는지 모른다.

그 사이 본사에서는 현지 후견인을 선정하는 문제로 고심하고 있었다. 사우디아라비아에서 정부공사를 수주하기 위해서는 유력한 후견인이 필요했기 때문이다. 그런데 그 당시 사우디 최고의 재벌 카쇼기(Adnan Khashoggi) 측이 접근해 왔다. 한진그룹 조중훈 회장을 통해서 만나 달라는 요청을 전해온 것이다. 그들은 당시 사우디에서 무기수입과 대형 공사수주에 막강한 영향력을 가진 거물이었다. 그런 인물이 계약을 성사시키는 데 도와주겠다며 나타난 것이다.

며칠 후 중동을 거쳐 런던에 들른 정 회장이 조 회장의 간곡한 부탁을 거절하지 못하고 카쇼기의 런던 사무실을 방문했다. 사무실은 하이드 파크에서 멀지 않은 고급 주택가에 위치한 대 저택이었는데 안내된 방에는 양쪽에 의자가 각각 15개씩이나 놓인 장방형 대형 티크 테이블이 놓여 있었다. 책임자로 보이는 거구의 남자가 가장 상석에 검은색 가죽장화를 신고 캐주얼

재킷을 입고 앉아 있었는데, 손님을 대하는 태도가 누가 봐도 거만하고 경박스럽기 그지없었다.

정 회장과 우리 일행이 한쪽에 앉고 그쪽 일행 2명도 맞은편에 자리를 잡았다.

"당신들은 최저가 입찰을 했지만 알다시피 시간은 자꾸 흘러가고 계약은 늦어지고 있소. 우리 도움이 있어야 쉽게 계약을 할 수 있을 것이오. 그러니 우리에게 일을 맡겨 보시오. 우리가 하라는 대로 하면 틀림없이 당신네가 수주할 것이오."

대낮인데도 방 분위기는 어둡고 그의 언행은 무례하고 일방적이었다. 분위기가 마치 마피아 영화 속 한 장면 같았다.

그런 분위기에서도 정주영 회장은 역시 노장답게 담담함을 보였다. 그러나 이미 표정은 굳어 있었다.

"잘 알아들었고 관심을 가져줘서 고맙지만 생각을 좀 봐야 하겠다고 해."

정 회장이 조용히 그러나 짧게 말했다.

상대방도 더 말할 분위기가 아니어서 회의는 쉽게 끝났다.

서둘러 그 자리에서 빠져 나오는 것이 상책이었다. 면전에서 거부할 수도, 그렇다고 경솔하게 받아들일 수 없는 정 회장으로서는 모호한 답변이 최선이었을 것이다.

그 자리를 빠져 나온 정 회장은 몹시 불쾌한 모양이었다. 있지도 않은 조중훈 회장을 상대로 듣기 거북한 불평을 토로 했다. 그 사건으로 수주를 향한 정 회장의 의지는 사실상 더 굳혀진 듯 보였다. 이 프로젝트가 세계적인 회사들이 눈독을 들일 만큼 중요한 반면, 현대가 수주할 가능성이 높으니까 여러 회사가 접근해 오는구나, 라고 판단할 만 했다. 어쨌거나 수많은 우여곡절 끝에 공사는 현대가 수주하는 것으로 확정되었다.

그러나 또 한 가지 큰 난관이 기다리고 있었다. 정식계약을 체결하려면 공사이행 보증과 선수금 환급보증(RG)을 합해 무려 2억 8천만 달러에 달하는 은행보증서가 필요했다. 당시 한국은 고질적인 외환부족으로 한국계 은행보증서는 시장에서 통용이 되지 않았다. 그래서 계약조항에 일류 국제은행이 발행한 보증서만 인정된다는 조항이 있었다. 수소문 끝에 미국계 은행을 간사은행으로 정하고 신디케이트(연합)를 구성하도록 했다.

한국 측에서는 당시 국영으로서 외환거래 전담인 외환은행이 신디케이트

앞으로 지급보증을 발행하도록 하는 한국정부의 특별조치가 있었다. 많은 노력을 했지만 여의치 않자 본사의 재무담당 총 책임 박영욱 부사장이 런던으로 날아오고 외환은행의 임원과 영국의 은행을 두루 찾아 다녔다. 각고의 노력 끝에 고액의 수수료를 약속하고 복보증을 위한 은행 신디케이션(syndication)을 구성할 수 있었다. 그 기간만 무려 40여 일이 걸렸다.

이어서 런던으로 날아온 외환은행장 주재로 신디케이트 은행과 체결할 협약서 작성에 들어갔다. 나는 그 자리에 현대 대표로 참석했다. 하지만 협약서 초안은 우리에게 여러 가지로 불리했다. 은행 측은 건설공사 시공 및 관리에 대한 경험과 이해가 없이 서둘러 결론을 내려는 분위기였다. 당국으로부터 빨리 끝내라는 압력을 받은 모양이었다. 그러나 시공상 문제에 따른 모든 변상의 궁극적인 책임은 현대에 있었고, 워낙 큰 공사였기 때문에 그 책임은 곧 회사 존폐의 문제가 될 수도 있었다. 다행히 여러 번 설명하고 설득한 끝에 시공자 측 의견이 상당부분 반영되었고 합리적인 선에서 타협이 이루어졌다. 그리고 마침내 그 해 6월 정식 계약을 체결하게 되었다.

우리나라 예산의 25퍼센트가 되는 4천 600억 원짜리 사상 최대의 공사계약이었다. 한 달쯤 후에 선수금으로 7억 리알(미화 2억 달러)짜리 수표가 현대의 주거래 은행에 입금되었다. 당시로서는 사상 최대의 외환거래로 당국이 외환 인플레에 따른 물가압력을 걱정할 정도였다.

공사는 건설역사에 남을 수많은 신기록을 세우며 진행되었다. 특히 1.7킬로미터에 달하는 방파제 보호를 위해 바닷가에 깔아놓는 스타비트(Stabit 일명 Tetrapod)는 압권이었다. 요즘에는 우리나라 항·포구에서도 흔히 볼 수 있는 원통형 4다리 뿔 모양 콘크리트 구조물로 한쪽 길이가 3~4미터에 무게만도 족히 5톤이 넘는다. 산업항 공사에는 총 16만 개가 필요한데 모두 지정된 곳에서 수입해 오기로 되어 있었다. 사우디아라비아 현장의 구매 의뢰서를 받고는 먼저 아테네에 있는 스타비트 제조공장 답사를 나갔다. 바닷가 공터에 자리 잡은 공장이 우선 협소하고 설비나 인원 등 준비가 매우 부실했다. 이 회사에서 16만 개나 되는 중량물을 제대로 납품 받는다는 것은 원천적으로 불가능하다고 판단했다. 더구나 생산된 스타비트를 주베일 현장까지 수천 킬로미터나 육상운송을 해야 되는데 느슨한 그리스 근로자를 데리고는 도저히 할 수 없는 일이었다. 그때 마침 공장 한구석에서 제작이 거의 끝난 거푸집이 눈에 들어왔다. 곡면의 강화 플라스틱(FRP)판의 가장자리를 철제 프레임으로 덧씌워 만든 것이었다. 나는 그 거푸집을 팔 수 있느냐고 물었다. 공장 사장은 발명특허를 받은 설계인데 자세한 것은 윌리엄 할크로 사가 알고 있으니 그쪽에 접촉해 보라고 말했다.

나는 산업항 공사 소장과 본사에 즉각 소상하게 보고하고 현장에서 생산해 사용할 것을 건의했다. 본사는 발 빠르게 총괄책임자인 전갑원 전무(현대건설 부사장 역임)로 하여금 이 일을 처리토록 조치를 취했다. 전 전무는 직접 나서 특허기술을 보유한 회사를 만나 고액의 로열티와 보상금을 지불하는 조건으로 공사현장에서 생산할 수 있도록 타결해 냈다. 설계회사, 시공회사, 납품회사 모두에게 유익한 결론이 난 것이다.

거푸집을 공사현장에서 대량으로 직접 만들고 제작공정을 개선해서 주야로 작업하면서 매일 350개 정도를 생산해 냈는데 이는 매일 하루도 쉬지 않고 생산해도 장장 450일이 걸리는 엄청난 물량이었다. 이 스타비트의 현장생산은 공기단축과 성공적인 공사완공에 크게 기여했다.

이 주베일 산업항공사에 관련하여 주목할 점은 현대조선과(현대중공업)의 협력관계였다. 이 산업항 공사와 해군기지공사 수행에 필요한 10여 만 톤의 철구조물은 모두 현대조선소에서 제작했는데 조선소에는 귀중한 일감 확보를, 건설현장에는 경쟁적이고 안정적 자재조달원 확보를 보장하는 유기적 시너지 관계가 확립되어 도움을 주고받게 된 것이다. 이는 두 회사뿐만 아니라 현대그룹의 급성장 발전에 중요한인 토대가 되었다. 특히 현대중공업의 해양사업 분야가 세계 최고의 명성과 실적을 자랑할 수 있는 발판 또한 그 때 만들어 졌다고 보아도 틀린 이야기는 아니다.

3

현대종합상사는 1976년 설립되어 초기부터 급신장하는 현대그룹에서 해외근무를 할 수 있다는 매력을 내세워 우수한 인재들을 많이 선발했고, 전 세계 40여 개 도시에 지점을 설치하는 등 아주 의욕적으로 출발한 상태였다. 하지만 종합상사 초기, 예상치 못한 문제들이 나타나기 시작했다. 그룹의 주력생산품은 현대중공업이 직접 취급하다 보니 종합상사는 일반상품을 외부 생산자로부터 매입하여 수출할 수밖에 없었다.

새로운 길을 찾아 나서다

1971년 1월 괌 발령을 받은 지 거의 7년 만인 1978년 봄, 나는 서울 근무 발령을 받았다. 보직은 현대중공업 영업본부장이었다. 기존에 있던 선박영업과 플랜트 영업을 포함한 국내외 총괄본부였다. 이어서 그해 가을 현대중공업의 해외영업 분야 업무 전체가 현대종합상사로 이관되어 현대그룹의 해외영업 창구를 일원화하는 조치가 취해졌다.

현대종합상사는 1976년 설립되어 초기부터 급신장하는 현대그룹에서 해외근무를 할 수 있다는 매력을 내세워 우수한 인재들을 많이 선발했고, 전 세계 40여 개 도시에 지점을 설치하는 등 아주 의욕적으로 출발한 상태였다. 하지만 종합상사 초기, 예상치 못한 문제들이 나타나기 시작했다. 그룹의 주력생산품은 현대중공업이 직접 취급하다 보니 종합상사는 일반상품을 외부 생산자로부터 매입하여 수출할 수밖에 없었다. 그런데 신설 회사로서 의욕이 넘치는데 비하여 이들 일반상품 및 시장에 대한 전문지식과 실무경험이 부족한 것이 암초였다. 건설사업 하듯이 열심히 주문 받아 수출 선적은 했는데, 정작 대금 회수에 큰 차질이 생긴 것이다. 특히 미주지역이 심했는데 거래선 확보가 손쉬운 현지교포 바이어들과 거래를 시작한 것이 화근이었다. 문제는 그들 중에는 신원과 사업체 신용상태가 불확실한 경우가 많았다는 것이다. 그들은 통상 소규모 거래를 시작하여 대금결제를 정확하게 하다가 일정기간 후 거래량이 증가되면 대금지불을 차일피일 미뤘고 그 과정에서 이견이나 분쟁이 생기면 거래를 일방적으로 중단해 버렸다.

고의적으로 미수금을 키워나간 바이어들은 결국 재고를 서둘러 싼 값에 처분하고 종적을 감춰 버렸다. 재고라도 회수해보려고 창고에 가보면 화주가 이미 바뀌어 있는 일이 비일비재했다. 휴스턴에서 나와 맞닥뜨린 교포 바이어는 정신병자 행세까지 해 가며 우리를 골탕 먹였다. 당시 교포사회에는 한국 종합상사 돈을 못 먹으면 바보라는 얘기까지 돌던 터였다. 결국 부실채권만 엄청나게 늘어났다.

당시 정부는 대일 무역적자 축소에 노력 중이었는데 현대의 건설과 중공업이 급신장하면서 대일 무역적자 대부분이 현대그룹 때문이라는 비난을 받고 있었다. 따라서 현대는 종합상사를 설립하여 중공업제품의 수출창구를 통합하고 수출활동도 대폭 강화하여 정부시책에 부응한다는 방침으로 대응했다. 때문에 그 같은 부실채권으로 인한 부작용을 미리 예측했을 리 만무했다.

나는 종합상사로 부임하면서 사장의 지시에 따라 업무의 중복을 피하고 부실부분을 통폐합하면서 그룹사 제품에 비중을 두는 등 영업조직을 대폭 정리했다. 현대중공업의 해외영업망도 모두 흡수하는가 하면 당시 새롭게 부상한 해양설비의 수주를 위해 해양영업부도 신설했다. 현대중공업의 주력 사업이 선박이기는 했지만 현대건설이 주베일 산업항 공사를 통해 쌓은 각종 해양 철 구조물 제작과 운송 그리고 설치기술과 실적을 활용할 수 있다는 강점이 있었기 때문이다. 바야흐로 급성장의 가능성을 확인한 석유와 가스 탐사 및 생산에 소요되는 거대한 해양플랜트와 철 구조물 시장에 진출하게 된 것이다.

이후 현대중공업은 인도의 국영 석유가스공사(ONGC)가 발주한 유전 개발 및 생산용 해양구조물 시장을 석권하면서 한국을 세계 최대 최고의 해양플랜트 강국으로 발전시키는 견인차 역할을 충분히 해낼 수 있었다. 또한 현대종합상사는 그룹 외 제품으로 남미와 인도 등에 철강제품, 이라크 등지와 중동지역에 일반상품, 그리고 말레이시아와 케냐에 경공업플랜트 등을 수출하는가 하면 에콰도르의 원유 수입과 호주의 석탄개발사업 참여로 자원개발 분야에도 남보다 한 발 앞서 진출했다. 이외 카 라디오와 전화기 등 전기제품도 수출했지만 지속성장을 하기에는 한계가 있는 품목들이었다.

인도 대통령을 만나는 등 우리는 인도 시장 개척을 위해 많은 노력을 기울였었다.

무려 10억 명의 인구를 갖고 있는 인도의 첫 선박수주는 우리에게는 새로운 수출시장의 문을 활짝 여는 계기가 되었다. 현대종합상사의 인도 첫 선주는 시스코(SISCO. South India Shipping Corp)라는 민간회사였다. 그들과의 계약은 일본 조선소를 물리치고 크나 큰 산고를 치르고 수주한 것이었다. 그런데 대금을 장기분할로 지급한다는 조건이 문제였다. 연불수출을 하기 위해서는 한국수출입은행의 금융지원을 받아야만 했지만 당시 수출입은행이 인도지역에 할당해 놓은 한도액은 인도경제 규모에 비해 터무니없이 적었던 것이다. 그만큼 인도는 수출시장으로서 크게 관심을 두고 있지 않은 미

개척지였다. 다행히 이 문제는 은행 실무책임자인 이선호 부장(수출입은행 전무역임, 현 상지컨설팅 대표)의 도움으로 쉽게 처리되었고 SISCO의 4만 톤급 살물선 4척을 수주할 수 있었다.

그때까지만 해도 인도는 영국의 영향권에 있었기 때문에 구미의 선진국과 주로 거래를 하고 극동 지역과는 교역은 물론 인적 왕래도 많지 않은 시절이었다. 일본회사들도 인도시장에 대해서는 별반 성과를 내지 못하고 있었다. 그런데 신생 조선공업국인 한국이 공격적으로 나선 것이다. 공격적이기는 했지만 매우 인간적인 접근방식이었다. 대부분 아리안계 인종이지만 문화적으로는 서구에 대한 거부감이 널리 퍼져 있었고, 그들 나름대로의 자부심은 꽤나 높았다. 그래서 우리를 부담감 없는 상대로 여기고 있었던 것이다. 하지만 우리는 영업하는 입장에서 인도의 문화적 인종적 우월감을 충분히 존중하고 예우와 정성을 다해 공을 들였다. 회의 도중 자존심 상하는 일도 적

수주 계약 후 함께한 인도국영선사 회장 간디제독, 그의 심벌은 빨간 양말이었다.

지 않았지만 인내와 겸손을 끝까지 지켜나갔다. SISCO 선박수주에 이어 인도 국영선사(Shipping Corporation of India, SCI)가 발주한 6만 톤 급 유조선 10척의 수주도 성공시켰다. 황성혁 전무 팀이 봄베이와 뉴델리를 수십 차례 오간 끝에 천신만고 끝에 만들어 낸 쾌거였다.

비슷한 방법으로 인도정부의 **ONGC(Oil & Natural Gas Corp.)**가 발주한 대형 해양설비도 수주했는데 이 두건의 대형 프로젝트는 한국과 인도와의 실질적 교역관계를 크게 확대시키는 계기가 되어 그 동안 구미의 여러 회사에 의존하던 인도가 발주하는 선박 및 석유가스 개발생산 시설을 우리 한국 회사들이 거의 독점하게 되었다. 해양구조물의 경우 처음에는 제작납품으로 시작했으나 점차로 설계, 제작, 운송, 설치, 시운전을 거치는 일괄발주 형태로 발전하면서 수주금액 역시 점점 커졌다. 인도에서의 경험과 실적이 오늘날 대한민국을 세계 1위의 석유 및 가스 생산 관련 해양설비 공급국가로 발전시키는 밑거름이 그때 마련된 것이다. 당시 인도시장 개척에는 지점장이던 조충휘 부장(현대중공업 사장 역임)의 역할이 컸다.

그때만 해도 선박영업은 정주영 회장이 직접 관여를 하고 있었다. 중요한 사업에 대해서는 직접 보고를 받았는데, 저녁 외부 회식자리에도 가서 보고했던 기억이 난다. 정주영 회장은 어떤 일이든 지지부진한 꼴을 보지 못했다. 어느 날, 중요한 선박 수주현황을 보고하는 자리에서 갑자기 이런 지시를 내렸다.

"그거 고만 흥정하고 조금 깎아서 빨리 결론을 내."

가격흥정도 좋지만 제때에 일감을 확보하는 것이 더 중요하다는 것이 정 회장의 지론이었다.

"알겠습니다."

그리고 며칠 후 결과를 보고했다.

"회장님, 오늘 수주확정 했습니다. 가격은 깎이지 않았습니다."

회장은 무표정하게 내 얼굴을 한번 쳐다보고는 작은 목소리로 말했다.

"잘됐군."

선박의 경우 계약금액이 워낙에 크기 때문에 조금 깎아주는 것이 쉽게 백만 불 단위가 된다는 사실, 그리고 우리 영업팀 모두의 노력 여하에 따라 개별 신조계약의 순 손익이 크게 좌우된다는 자부심 때문에 마지막 단계까지 협상에 총력을 기울인다는 사실을 아마 정 회장도 알고 있었을 것이다.

새로운 시장개척은 차별화된 영업 전략과 방법은 물론 미지의 영역에 대한 과감한 도전으로 촉진된다. 그것은 현대그룹의 독특하지만 공격적인 영업방식이기도 하다. 1980년의 석유시추선 수주도 그런 도전의 결과였다.

선박시장이 썩 좋지 못한 상황에서 미국 달라스 소재 세드코(SEDCO)라는 회사가 반 잠수식 석유시추선을 구매한다는 정보가 들어왔다. 그 동안 이 회사는 영국이나 일본 쪽에 주로 발주를 하고 있었다. 그런데 유럽에서는 노조문제로 곤욕을 치러야 했고 일본의 경우도 문제가 적지 않았다. 일본은 모든 시공관리가 아주 엄격하게 규격화 되어 설계 변경이 있을 경우 이에 따른 공기와 비용을 매번 서면화하여 처리해야 하고 의사결정 과정이 복잡하니 결론을 내는데 많은 시간이 걸렸다. 따라서 계속적으로 진화하는 시추선의 설계변경이 잦고 납기 준수가 요체인 해양시추선과 해양구조물 건조가 일본에서는 잘 진행될 수가 없었다. 그래서 선주는 대안을 찾고 있던 참이었다. 그 당시는 1979년 석유 파동 이후 해저 석유개발에 필요한 시추선이 급히 필요할 때였다.

우리는 남미에서 전보된 휴스턴 이연제 지점장(현대중공업 사장 역임)을 주축으로 하여 수주작업에 나섰다. 석유시추선에 대한 경험은 전무 했지만 선박건조를 통해서 쌓은 기술과 경험 그리고 시설 면에서 충분히 경쟁력이 있다고 믿었고, 주베일 산업항의 대형 해양터미널공사 성공으로 발주처에 신뢰를 줄 수 있다고 판단했다. 우리는 "당신들이 유럽과 일본에서 겪은 문제들을 다시 겪지 않도록 해주겠다."고 설득했다. 비록 우리가 시추선 건조 경험이 없어 전문용어도 이해하지 못하는 난관도 있었지만 결국 서부의 사나이들은 우리를 선택했다. 반 잠수식 석유시추선 1만 5천 톤 급 2척, 계약금액 각 4천만 달러(시추장비는 별도로 선주 공급 조건)였다. 그것이 현대의 첫 해양석유시추선 수주였다.

이후 공사 진행에 만족한 세드코는 세 번째 시추선도 우리에게 발주했다. 노르웨이 해역에 투입될 이 시추선들은 제작과정에서 설계변경이 전체의 3분의 1이나 되었다. 우리는 설계 변경에 대해서는 적극적으로 신속하게 수용하고, 협상을 통해 필요한 비용을 충분히 받아냈다.

현대중공업은 이 첫 시추선 제작 프로젝트를 계기로 현대를 비롯한 한국의 조선업계는 미국은 물론 호주, 말레이시아, 일본, 인도, 노르웨이, 캐나다, 나이지리아 등 전 세계에 퍼져있는 심해 유전개발에 필요한 초대형 해양석유가스 설비시장을 확실히 석권할 수 있었다.

'전무후무' 한 컨테이너전용선 수주

1980년에 들어 이라크가 다시 쿠웨이트를 침공하면서 몰고 온 석유파동은 세계경제를 크게 위축시켰다. 조선시장 역시 그 파도를 피할 수는 없었다. 현대도 대형 유조선 건조 위주의 사업방향에 제동이 걸리면서 중소형 선박이라도 수주해야 할 형편이었다. 그 시기에 새롭게 떠오른 고부가가치 아이템이 컨테이너 전용선이었다.

현대중공업은 1979년 대한선주의 2만 6천 톤 급 컨테이너선 건조 경험을 가지고 있었다. 그것이 국내에서는 첫 컨테이너 전용선이었다. 그때 마침 아랍연합해운(UASC)이 컨테이너 정기운항사업을 시작한다는 정보를 입수했다. 중동의 수출입화물 물동량이 대폭 증가하면서 외국 해운회사에 주지 않고 자신들이 직접 하겠다고 나선 것이다. 어느 나라든 해운산업은 상업적 목적뿐만 아니라 전쟁 등의 특수상황에서는 방위산업의 성격을 갖고 있는데 중동국가들 역시 오일달러 활용과 안보차원에서도 해운업을 할 필요가 있었던 것이다.

아랍연합해운이라면 이미 24척의 다목적 운반선을 지어준 경험이 있는 현대의 특급고객이었다. 그들로서는 현대에 대해 가격 및 품질, 고객관리 등의 여러 측면에서 충분히 만족하고 있었기 때문에 배를 발주하는데 현대를 염두에 두지 않을 수 없었을 것이다.

드디어 대형 컨테이너 전용선의 공개입찰 공고가 나왔다. 현대는 이미 6개월 전부터 입찰정보를 입수, 입찰 준비를 하고 있었다. 입찰은 한국대표 현대와 일본 조선사들과의 경쟁이었다. 미쓰비시, 미쓰이, 히타치 등 일본 7대 조선사를 포함 세계 20여 개의 조선사들이 입찰에 참여했다. 최종경합에서 현대는 선주 측의 후원을 받고 있는 일본대표 IHI 조선소를 물리치고 1차로 6척을, 그리고 얼마 후 나머지 9척을 추가로 주문 받는데 성공했다. 계약금액은 무려 4억 달러, 현금지급조건이었다. 이는 우리나라 조선 사상 단일계약으로는 최대규모의 계약이었다. 컨테이너 박스까지 우리 차지였다. 일본 및 유럽 조선사들과의 경쟁에서 거둔 완승이었다.

이는 세계 조선시장에서 현대의 입지를 확실히 보여준 쾌거였다. 나는 들뜬 마음으로 수주가 확정된 사실을 월요일 사장단 회의에서 보고하고는 한 마디를 덧붙이고 끝을 맺었다.

"이번 선박수주는 한 건에 모두 4억 불이나 됩니다. 이는 전무후무한 금액입니다."

그 말이 끝나자 회의장에서 킥킥거리는 소리가 들려왔다.

정주영 회장도 웃고 있었다.

"이 사람아, 앞으로 그 이상의 계약은 하지 말라는 거야 뭐야. 후무가 무슨 놈의 후무야?"

선박영업팀을 책임지고 있는 입장에서, 그리고 조선경기가 전반적으로 침체기를 걷고 있는 상황에서 수주한 터라 한껏 들뜬 탓에 나온 말이었다. 요즈음에야 한 척에 4억불이 넘는 고가 선박이 적지 않지만 당시만 해도 그 이상은 없을 것 같다는 생각을 할만도 했다.

UASC로부터 시작된 컨테이너(1,850 TEU 급)선의 건조로 현대는 네덜란드의 네드로이드(Nedlloyd), 덴마크의 AP Moller, 독일의 Hapag Lloyd (8,600 TEU 급), 미국의 Sealand 등 전 세계의 유명 대형 선사가 발주한 컨테이너 전용선을 대부분 수주하는 저력을 보여주었다.

김포공항 출국장에서 체결한
선박건조 계약

조선시장에서 희랍 선주와 쌍벽을 이루고 있는 큰 시장, 노르웨이에 현대가 최초로 진출하게 된 것은 라이프 훼그(Lief Hoegh)라는 명문의 큰 선주를 만나면서이다.

그 동안 일본의 가와사끼 조선소와 오랫동안 관계를 맺어 온 그들은 이미 우리의 능력과 가격 경쟁력을 잘 파악하고 있었다. 그런데 그 회사의 신조 담당 임원 '묘스'(Moejs)가 선박 발주를 위해 일본에 들어갔다가 원하는 가격을 이끌어 내지 못한 채 돌아가는 길에 한국에 들렀다. 그렇게 찾은 현대 조선소의 시설과 실적, 경쟁적 가격 등에 끌려 두 척을 선뜻 계약한 것이다. 그때 계약한 선박은 OBO(Ore Bulk Oil)선이라는 신 개념의 특수선으로 건조가 매우 까다로운 선박이었다. 고체화물인 광석과 곡물류 그리고 액체화물인 유류를 모두 취급할 수 있는 7만 6천 톤 급 대형 운반선으로 계약금액은 모두 7천만 달러였다. 그때가 79년 9월이었다.

60대 신사 '묘스'는 전문성과 성실성을 갖춘 사람으로 선주의 신임을 독차지하고 있었다. 수행원 하나 없이 조선소를 홀로 방문해서 단 시간에 계약을 체결한 것만 봐도 그의 입지를 알 수 있었다.

그가 1979년 크리스마스를 직전에 두고 다시 울산으로 우리를 찾아왔다. 추가로 두 척을 더 계약하겠다는 것이었다. 합의도 쉽게 이루어졌다. 서로 우호적인 분위기에서 만찬을 끝내고 다음 날 아침에 계약하기로 합의하고 헤어졌다.

다음 날 우리는 준비된 계약서류를 펼쳐놓고 서명식을 시작했다. 그런데 계약서를 읽어가던 묘스 부사장의 표정이 조금씩 굳어지기 시작했다.

"왜, 지난번 계약서와 다릅니까? 지난번 양식을 그대로 쓰지 않고 다시 준비를 했습니까? 지금 수십 페이지 계약서를 모두 읽어야 하는데, 나는 지금 그럴 시간이 없습니다."

그는 불편한 심기를 감추지 않았다.

계약 담당 부서에서 지난번 계약서를 숫자만 정정하고 다시 사용할 생각을 미처 못 하고 정성껏 새 계약서를 만들어 온 것이 화근이었다.

"오늘, 이대로는 계약을 체결할 수 없습니다. 비행기 시간 때문에 지금 떠나야 하니 다음에 봅시다."

"죄송합니다만 잠시만 기다려 주시면 다시…."

그러나 그는 당장 서울로 가겠다며 고집을 꺾지 않았다.

당황스러운 일이었다. 연말 수주 목표달성에도 지장을 주는 것은 물론이고, 오늘 계약한다고 이미 보고를 해 놓은 터였다. 그리고 멀고 먼 노르웨이로 떠나 버리면 수주가 된다는 보장도 없는 것이니 불안했다. 그러니 나중에 보자는 그의 말이 귀에 들어올 리 없었다.

나는 직원들에게 계약서를 선주 요구대로 다시 만들어 비행기 출발시간 전에 김포공항으로 보내라는 지시를 하고, 서울로 동행했다.

별 말이 없는 그에게 나는 분위기를 살피며 말했다.

"묘스 씨, 출국을 연기해 주시지요. 다음 비행기 편은 저희가 책임지고 잡아 놓겠습니다."

"그건 안 됩니다. 나는 가야만 합니다. 크리스마스는 꼭 집에 돌아가서 가족들과 함께 보내야 됩니다."

그의 태도는 조용하지만 단호했다.

그래도 나는 일단 다음 번 오슬로 행 비행기 편을 예약하도록 하고 호텔에서 체크아웃을 하고 김포공항으로 향하는 영빈용 승용차 안에서도 계속 그를 설득했다. 김포가도에 들어서자 내가 딱해 보였는지 아니면 심사숙고 끝에 결심을 했는지 묵묵부답이던 묘스 부사장이 몇 차례 내 쪽을 보더니 표정이 서서히 풀리는 듯했다. 그리고 잠시 침묵이 더 흐른 다음 그가 안 주머니에서 문서 한 장을 꺼내 나에게 건네주었다. 위임장이었다. 회사가 선박건조 계약에 관한 모든 결정권을 '묘스' 부사장에게 위임한다는 내용이었다. 우리는 긴장이 가신 얼굴로 마주 본 다음 바로 악수를 했다.

그 시각 직원들은 새로 준비한 계약서를 가지고 공항에서 대기하고 있었다. 공항에 도착해 직원들 안내로 귀빈실로 들어가 앉자마자 여권과 항공권을 받아 우리 직원으로 하여금 출국수속을 대신하도록 조치하고 준비된 계약서류를 내밀었다.

테이블에 놓인 두꺼운 서류더미를 보며 그는 부담스러워하는 표정이었다. 나는 다시 그를 안심시켰다.

"비행기 출발시간은 늦추어 놓았으니 걱정하실 것 없습니다."

그래도 미심쩍어 하는 그를 나는 다시 달래면서 계약서를 잡았다.

"모두 읽기가 곤란하다면 서명 페이지에만 우선 서명하시지요. 매 페이지에 하는 약식서명(Initial)은 귀국 후 잘 검토한 다음에 서명해서 우리에게 한 부만 보내주면 됩니다."

페이지마다 양측 대표가 약식서명을 해야 유효한 계약서가 되는 것이지만 일단 그의 서명을 받아두는 것이 무엇보다 중요하다는 생각뿐이었다.

수시로 시계를 보며 초조해하는 그의 앞에 나는 계약서의 서명 페이지를 펼쳐 놓았다. 그는 아무 말 없이 계약서 두 권에 각각 서명하고 바로 일어섰다. 이틀 동안 내내 노심초사했던 일이 해결되는 순간이었다.

"이렇게 우리를 믿고 서명해 주시니 정말 고맙습니다. 절대로 실망시키지 않도록 하겠습니다."

우리는 다시 한 번 악수를 하고 함께 출국장 로비로 나왔다.

그런데 그만 그쪽 서명은 받고, 우리 측 서명은 하지 않았다는 것이 마음에 걸렸다.

"죄송합니다. 계약서에 우리 측 서명을 하지 않았습니다. 잠시만 계약서를 주시면, 제가 바로 서명하겠습니다."

나는 그가 가방에서 다시 꺼내 건네주는 계약서를 받아 그 자리에 쪼그리고 앉아 무릎에 받쳐 놓고 서명을 한 뒤 다시 돌려주었다. 그와 동시에 우리 직원은 그의 손을 이끌고 혼잡한 사람들 틈을 헤치고 특별통로 쪽으로 서둘러 나갔다.

다음 날 나는 사장과 회장에게 밝은 표정으로 보고했다.

"노르웨이 선주로부터 두 척을 추가로 계약했습니다."

그러고는 곧바로 계약서 2권을 새로 만들어 각 페이지에 서명을 해서 항공편으로 오슬로지점으로 보냈고, 선주 측에서도 각 페이지에 서명을 하여 우리에게 보내왔다. 한바탕의 쇼는 그렇게 끝났고, 결국 정식계약 절차를 마칠 수 있었다.

이 무렵 나는 부사장으로 승진되었다. 입사 14년 만이었다. 선박영업을 총 지휘하던 정희영 사장이 퇴임하고 현대자동차에서 오래 근무하던 윤주원 부사장이 종합상사 사장에 취임함에 따라 책임이 막중한 선박영업 조직의 전력 차질을 우려한 조치였다.

고대도시 알렉산드리아 상륙

개인적으로 1983년은 조선 영업을 하면서 가장 보람을 느낀 해였다. 그 전까지만 해도 수주한 선형(船形)도 제한적이었고 지역적으로도 소수의 나라에 국한되어 있었다. 그런데 1983년에 들어서면서 영국, 프랑스, 미국, 네덜란드, 벨기에를 비롯하여 북구 3국 그리고 인도 오스트레일리아 같은 해운 조선 강국들을 상대로 영업 활동을 하여 상당한 성과를 거두게 된 것이다. 이 시기의 13개국 총 87척의 수주 성과는 현대중공업이 세계적인 조선소로서의 입지를 확고히 다지게 된 계기가 되었다.

비슷한 시기에 이집트 국영 해운회사 ENNC(Egypt National Navigation Company)로부터 3만 2천 톤 급 2척과 4만 5천 톤 급 4척 등 곡물운반선 6척을 수주한 것은 다소 뜻밖의 성과였다.

우리가 이집트 입찰에 참여한 것이 그때가 처음은 아니었다. 1981년부터 회사가 있는 알렉산드리아를 여러 번 방문하여 수주활동을 했으나 발주자 측의 입찰 진행 미숙으로 계속 지연되고 있었다. 교통부가 주관하는 경쟁 입찰임에도 불구하고, 경험이 없는 관리들은 값을 깎아 내릴 궁리만 하는 것 같았다. 그들은 실제로 입찰이 끝난 후 조선소 대표와 관계 공무원 그리고 대리인 등을 모두 큰 회의실로 불러 모아놓고 최저 입찰가를 공개한 다음 그 자리에서 더 깎아 주는 업체를 찾고 있었다. 지불조건이나 기술적 차이는 무시한 채 일반 규격품인양 자기네 전통방식으로 흥정하는 것이었다. 이런 어설픈 방법이었으니 발주업무가 제대로 진행될 리가 없었다. 결국 서로 시간과 비용만 낭비하고 입찰이 중단되었고, 그로부터 약 2년 만에 다시 나온 입찰이었던 것이다.

이번에는 실수요자인 해운회사가 주도적으로 입찰을 진행하고 있었다.

이집트 제 2의 도시이자 항구인 알렉산드리아는 카이로에서 7~8인용 허름한 합승택시로 부서진 포장길을 따라 먼지구름 속을 달려 3~4시간은 가야 하는 먼 거리였다. 우리는 우선 바다가 보이는 작은 호텔에 짐을 풀고 수주활동에 나섰다.

이집트 항구도시 알렉산드리아는 카이로에서 부서진 포장길을 따라 먼지구름 속을 몇 시간을 달려야 하는 먼 거리였다.

그곳에서는 우리가 호기심의 대상이었다. 그곳을 찾는 동양 사람이 드물었던지 모두가 신기한 듯 우리를 쳐다보는가 하면 식당에서는 넘치는 친절을 베풀어 주기까지 했다. 한 번은 우리 앞을 지나갔던 노인이 다시 되돌아와 빤히 쳐다보고는 관람료를 주듯 낡은 지갑 속에서 우표 한 장을 꺼내 건네주기도 했다. 한결같이 어디에서 온 사람들이 저렇게 생겼나 꽤나 궁금하고 신기하다는 표정들이었다.

그 지역에서도 수주활동을 하기 위해서는 후견인이 필수적이었다. 다행히 우리는 해운회사의 상급기관인 교통부 차관을 후견인으로 정했다. 그가 의외로 적극적으로 도와주겠다고 나왔기 때문이다. 이어서 만나본 해운회사의 사장 역시 우리를 호의적으로 맞아 주었다. 자기만 믿으면 된다는 식이었다. 2년 전 국제입찰에서 우리 회사의 경쟁력과 건조 실적에 대한 사전 지식이 있어서였던 것인지 전체적 분위기는 우리에게 유리하게 돌아가고 있었다.

입찰서를 제출하고 최종 결정이 나기 전에 우리는 해운회사 사장과 기술책임자를 우리 비용으로 조선소에 초청해서 조선소를 두루 안내하며 대규모 최신 설비와 풍부한 실적을 보여 주었다. 특히 UASC와 NNSL의 건조 실적을 강조했다. 그런 끝에 최종 입찰심사에서 현대가 선정되었다.

당시 이집트는 우리나라와는 국교를 맺지 않은 나라로 카이로 총영사관이 있을 뿐이었다.

그런데 수주 이후 난처한 일이 발생했다. 통상적으로 선박대금은 연불로 지불하는데 이 경우 일류국제은행의 지불보증이 필요했다. 하지만 수출입은행에서는 이집트 계 은행을 일류은행으로 볼 수 없다고 알려왔다. 결국 수출입은행이 받아들일 수 있는 새로운 은행을 찾아나서야 했다.

다행히 카이로에는 중동 산유국들이 설립한 은행들이 여럿 진출해 있었다. 그 중 선주인 ENNC의 소개로 찾아간 한 아랍계 은행장이 아주 적극적으로 나섰다. 자신들이 해결해 주겠다는 것이었다.

"그렇다면 한국수출입은행에서 당신 은행을 받아줄 지를 먼저 알아보겠소."

우리로서는 먼저 확인이 필요했다.

하지만 은행장은 본인이 직접 한국으로 가겠다며 발 벗고 나섰다. 1억불이 훨씬 넘는 큰 건이었기 때문에 그들로서는 수수료 수입이 적지 않고 새 거래처를 늘리게 되는 셈이니 해볼 만하다고 생각하는 것 같았다. 곧 그곳 행장 일행이 먼 길을 마다하지 않고 지구 반 바퀴를 돌아 한국수출입은행을 찾아왔다. 그런데 그 이집트 은행의 주주들은 예상했던 것보다 훨씬 큰 산유국의 재벌들이었고, 수출입은행에서도 기꺼이 받아들일 수 있는 조건을 모두 갖추고 있었다.

후진국 은행이라며 구체적으로 살펴보지도 않고 받아들일 수 없다던 은행 측 입장이 즉시 바뀌었다. 나아가서 연불지급용으로 선주(ENNC)가 발행하는 약속어음을 모두 인수하겠다는 의사까지 표명하여 두 은행 간 새로운 거래관계를 맺는 예상외 수확도 거둘 수 있었다.

선박뿐만 아니라 대형 프로젝트를 성사시킬 때는 중계 대리인 또는 후견인을 두는 것이 관례였다. 아랍권에서는 주로 왕족이나 관료를 후견인으로 두는데, 후견인이 계약 성사에 필요한 정보와 아이디어를 제공하기 때문이다. 그러나 이들 후견인에게 지불해야 하는 커미션, 즉 대가 때문에 종종 충돌이 벌어지기도 했다. 이 계약에서도 우리는 교통부차관을 후견인으로 선정했지만, 그가 계약이 성사되기 전에 퇴직하면서 별다른 역할을 하지 못했다. 우리로서는 그 대가 지불이 아까울 수밖에 없었다. 그래서 수수료 잔금 지불을 한 참 뒤에 일부만 지불하는 것으로 마무리한 일이 있었다.

중동 건설의 경우도 아랍권의 왕자를 후견인으로 지정했다가 큰 문제가 생긴 일이 있었다.

회사 입장에서는 '우리가 얼마나 어렵게 수주하고, 현장의 노동자들이 피땀 흘려 번 돈인데, 그들은 가만히 앉아서 그 많은 액수를 챙기느냐.'며 큰 금액의 대가 지불이 불만스러울 수밖에 없었다. 그러다 실제로 지불문제로 분쟁이 커져서 왕족 일부가 들고 일어나 현대의 그 나라 건설사업 참여에 제동이 걸리는 상황에 처한 경우도 있었다.

에프플로이야 vs 라스코

에프플로이야(Efploia) 해운회사의 레모스(C.L. Lemos) 회장은 희랍 해운 왕들의 고향인 키오스(Chios) 섬 태생이었다. 그는 선장출신이었지만 선박을 사고파는 감각만큼은 내가 만나 본 선주 중 단연 최고였다.

우리가 만난 1984년 여름, 그는 배를 한 척도 보유하고 있지 않았다. 시황 침체를 예상하고 3, 4년 전에 모든 배를 매각처분한 상태였던 것이다. 그리고 시황회복을 기다리며 신조선 발주 타이밍을 살피고 있었다.

배는 한 척도 없지만 직원은 한 명도 내보지 않고 가족처럼 감싸고 있었다. 그러다 보니 회장을 모시는 직원들의 충성심과 회사 분위기가 예사롭지 않았다.

그는 호텔방에 머물고 있는 우리를 자신의 집으로 초대하여 그리스 식 파티를 여는 등 따뜻하게 환대해 주었다. 그렇지만 가격 흥정에서만큼은 철저하게 자신이 원하는 가격을 고집했다. 시장이 침체되어 있었고 수량도 8척으로 적지 않은 규모여서 자신이 유리한 입장이라는 것을 잘 알고 있었던 것이다. 그는 야전지휘관이 전투하듯 막무가내로 밀어붙였다. 우리도 나름대로 시간을 끌며 버텨 보았지만 결국 그가 원하는 가격 선에서 결판이 났다. 4만 톤 급과 6만 톤 급 각 4척에 대한 계약관련 모든 협상은 아테네의 외항인 피레우스(Piraeus) 그의 사무실에서 이루어졌다. 서명만 하면 계약은 완료되는 것이었다. 그런데 노 신사가 의외의 제안을 해왔다. 자신의 고향 키오스 섬으로 자리를 옮겨 서명하자는 것이었다. 우리로서는 처음 겪는, 생뚱맞은 일이었지만 막상 거절할 형편이 아니었다. 서명이 없는 계약서는 아무리 많은 공을 들였더라도 종이조각에 불과하니 그의 뜻에 따를 수밖에 없었다.

키오스는 희랍의 동쪽 터키해안에 바짝 붙어있는 섬으로 리바노스(Livanos), 레모스, 찬드리스(Chandris) 등 세계 해운업계의 거물들이 태어난 섬으로 유명하다. 이 섬은 또 《일리아스》《오디세이아》의 작가 호머의 고향이기도 하다. 다음 날 우리 일행은 레모스 회장 일행과 함께 항공편으로 섬에 도착하여 그곳에서 자신의 전용 통선으로 갈아타고 작은 돌섬(Oinousse)에 내렸다. 통선을 운전하는 사람은 한 손의 팔꿈치 아래가 없는 불구였는데 레모스 회장이 오랫동안 고용해 왔다고 했다.

거기서 우리는 가파른 꼬부랑길을 따라 언덕에 있는 건물로 안내 받았다. 회장이 그곳을 자신의 아버지가 살던 집이라고 소개했다. 경관이 일품이었다. 언덕 아래로는 쪽 빛 '에게'(Aege) 바닷물이 한눈에 들어왔고, 바로 건너편에는 민둥산으로 된 터키 땅이 이어지고 있었다. 잠시 후 우리 일행은 그 곳 명물이라는 문어(바윗돌에 여러 번 내리쳐 부드럽게 만든)와 흰 치즈를 곁들여 간단한 점심을 했다. 식사는 통상 계약서명을 마치고 건배를 곁들여 가며 기쁜 분위기에서 해야 하는 것이 상식이었지만 그날의 점심은 그렇지가 못했다.

하지만 우리 기분은 안중에도 없는 듯 회장은 진한 에스프레소 커피 잔을 앞에 놓고 줄곧 섬에 대한 내력, 고향의 경관 그리고 자신의 집안과 가족에 대한 이런저런 이야기만 장황하게 늘어놓고 있었다. 그의 느긋한 이야기는 쓰디쓴 커피가 끝난 후에도 한 동안 계속되었다. 도대체 서명을 하긴 할까 하는 의심쩍은 생각이 차츰 들기 시작했다. 혹시 그 동안 마음이 바뀌어 서명할 생각이 없어진 것은 아닌가, 또는 무슨 꼬투리를 잡아 이 외진 섬까지 불러들여 가격을 한 번 더 깎아 보자는 작전은 아닌가, 하는 불안감이 들었다. 그러면서도 우리가 먼저 계약하자고 나서면 노인의 작전에 걸려들지도 모른다는 생각에 묵묵히 노 신사의 각본대로 움직여 주었다. 함께 온 이상봉 아테네 지점장은 안절부절못하고 있었다.

어느덧 눈부시게 빛나던 태양이 서쪽으로 기울며 먼 수평선에 화려한 색채의 노을을 만들기 시작했다. 그때 노 신사는 자리를 옮기자며 일어섰다. 우리를 어둠이 찾아들기 시작한 작은 방으로 안내하더니 여기가 자신의 아버지가 지내던 거실이라고 소개했다. 우리는 그가 권하는 대로 그 방으로 따라 들어가 낡은 나무의자에 앉았다. 열린 나무덧문 밖으로 초저녁 밤경치가 한눈에 들어왔다. 그 상태로 얼마간의 침묵이 흘렀다. 어슴푸레한 노을 빛 속에서 노 신사는 미동도 없이 얼마 동안 기도를 올리는 듯 보였다. 무언가 신비스런 기운이 방안에 가득했다.

그렇게 고요히 앉아있던, 그가 천천히 말을 꺼냈다.

"이제 우리 서명합시다!"

우리 모두는 기다리던 순간이 드디어 왔구나, 하고 생각하며 얼떨떨한 기분으로 준비해온 계약서를 테이블 위에 펼쳐 놓았다. 촛불을 밝히고 그 방에서 계약서 서명을 모두 마쳤다. 서명이 끝나자 노 신사는 우리 모두를 향하여 차분한 목소리로 말했다.

"내가 이런 식으로 계약을 하자는 데에는 그만한 이유가 있습니다. 하루 중 상서로운 시간을 택해 이 방에서 서명함으로써 아버지를 포함한 조상님들과 신령들이 이 계약을 축복해 주리라는 믿음 때문입니다"

전혀 짐작하지도 못한 말이었다. 다소 미신 같고 인위적인 연출 같아 보일 수도 있지만 신령한 힘의 도움을 받아서라도 사업을 꼭 성공시키겠다는 강한 집념을 느낄 수 있었다.

서명식이 끝난 후, 그가 정주영 회장 이야기를 꺼냈다.

"정주영 회장은 참 위대한 분으로 알고 있습니다. 꼭 한번 만나보고 싶은데 주선해 주시겠습니까?"

인사치레로 하는 말투가 아니라 진심으로 존경심을 담아 요청한다는 느낌이 들었다. 우리로서는 고객인 선주들을 일부러라도 초청을 하는데 마다할 이유가 없었다.

다음 날 아침 우리는 모두 함께 피레우스 지점 사무실로 돌아왔다. 그리고 작별인사를 하고 나오려고 할 때, 그가 나를 불렀다.

"미스터 음, 잠깐 기다리시오. 큰 계약을 했는데 기념선물이 없어서 되겠소."

그러고는 희랍 말로 비서에게 큰 소리로 뭐라고 지시했다. 그러자 잠시 후에 비서가 싸구려 포장지에 싼 물건을 들고 돌아왔다.

"급해서 이것밖에 준비하지 못했으니 양해하고 받아 주시오."

돌아와 포장을 풀어보니 그 건물 아래층 기념품 가게에서 외항선원을 상대로 파는 창잡이 군인 조각상이었다. 계약하면서 여러 선물을 받아 보았지만 그처럼 조악한 것은 처음이었다. 그런데도 레모스 회장의 검소하고 너그러운 마음과 키오스 섬의 신비한 분위기가 생각나서 지금까지 이사 갈 때마다 챙기고 있다.

얼마 후 한국에서 정주영 회장과 레모스 회장이 만났다. 연배와 체구가 엇비슷한 두 사람은 어렵지 않게 마음이 통한 듯했다. 정주영 회장에게 그는 최고의 존경과 예의를 표하면서 친분을 다졌다. 그러나 잘 살펴보면 레모스 회장이 그저 정주영 회장에게 존경을 표하기 위해 머나먼 길을 날아온 것은 아니었을 것이다. 만약 해운시장이 나빠져서 어려움에 처하게 되었을 때를 대비하기 위해서 정 회장과 친분을 쌓아 놓겠다는 사업상 판단이 깔린 것이 아닌가 싶었다. 그가 그 계약을 위해 우리에게 기울인 환대와 정성 그리고 키오스섬에서 드라마 같은 연출을 보아도 충분히 있을 수 있는 일이었다. 결과적으로 레모스 회장의 용의주도한 사전 대비는 큰 효과가 있었다. 배를 인수할 때쯤 시황이 더 나빠지면서 배를 인수하기 어려운 상황에 봉착한 것이다. 그러나 레모스 회장은 정주영 회장과의 친분을 바탕으로 어려움을 직접 호소하여 상호피해를 최소화 하는 선에서 배를 늦게 인도해 가는 것으로 프로젝트를 매듭지을 수 있었다.

건조가 끝난 배는 조선소에서 빠져나가야 다음 배를 건조할 수 있다. 따라서 선주가 계약된 배의 정상적인 건조를 무리하게 방해하거나 건조가 끝난 배를 인수해 가지 않는 것은 조선소로서는 가장 골치 아픈 일 중에 하나다. 그런 최악의 상황은 면한 것이다. 레모스 회장과의 관계는 대를 이어 유지되었는데 근래에는 유업을 이어받은 그의 손녀가 현대에서 배를 주문해 간 일도 있다.

사실 해운시장이 급격히 나빠질 때 건조 중인 배의 품질과 설계 등을 문제 삼아 검사를 거부하며 선박 건조를 지연시키거나 계약해지 쪽으로 몰아가는 경우가 가끔씩 있었다. 미국 포틀랜드(Portland)의 해운회사 라스코라인(Lasco Iine)이 그랬다.

해운회사의 사장은 창업자 슈니츠(Shnitzer) 회장의 사위로 하버드 법대를 졸업한 루이스였다. 그곳으로부터 3만 8천 톤 급 화물선 두 척을 우여곡절 끝에 수주했다. 해운시장이 썩 좋지 않은 시기였기 때문에 컨테이너도 실을 수 있게 설계된 신형 화물선으로 활로를 찾아보자는 판단에서 발주한 프로젝트였다. 사장으로서는 자신의 경영실력을 과시할 수 있는 기회로 삼기 위해 추진한 야심 찬 프로젝트였는데, 설계가 까다롭기 그지없었다.

계약 이후 해운시장은 사장의 예측과는 달리 회복이 안 되는 반면에 선박 건조는 계획공정대로 척척 진행되어가고 있었다. 이를 보는 사장이 선박의 인수와 운항에 불안감을 느낀 모양이었다. 배를 인도받아 회사가 어려워지면 그 책임은 모두 자신이 져야 했기 때문이었을 것이다. 결국 선주는 현장 감독관을 앞세워 고의적으로 갖가지 기술적 문제를 제기하기 시작했다. 건조를 더 이상 진행할 수 없도록 하겠다고 작정하고 나오니 우리 측 기술진이 본사로 직접 찾아가 아무리 설명해도 먹혀들 리 없었다. 인수거부 또는 가격인하를 작심한 선주 측과는 도무지 대화와 타협이 되지 않았다. 무엇보다도 선주는 일류 변호사를 동원해 말꼬리를 잡고 윽박지르며 우리 기술진들에게 말을 꺼낼 기회조차 주지 않으니 준비해 간 자료가 무용지물이었다. 우리 기술책임자는 화가 치밀고 가슴은 답답해지니 그렇지 않아도 서투른 영어는 더욱 더듬거렸다. 나갈 수도 물러설 수도 없는 상황이었다.

결국 기술진과 함께 내가 현지로 날아갔다. 영국 런던의 저명한 법률회사인 노턴 앤 로스(Norten & Ross) 소속의 노련한 변호사인 파웰(Powell) 씨와 동행했다. 그는 승선 경험이 있는 해사(海事) 전문변호사였다.

라스코 사에 도착하여 회의실로 올라갔다. 큰 회의실 벽에는 길이 5미터, 폭 2미터 가량의 대형 청사진 도면이 붙어 있었고, 테이블 반대편에는 창업주를 비롯한 미국 명문대 출신 변호사와 현직 교수 여러 명이 서류 묶음을 잔뜩 쌓아 놓고 앉아 있었다. 우리가 자리에 앉고 양측 인사들의 간단한 소개가 끝나자 그들은 전문 법률용어를 써 가면서 문제점들을 한참 동안 지적하기 시작했다. 기선을 제압하겠다는 작전으로 보였다.

우리 차례가 되자 나보다 더 열 받은 우리 측 영국 변호사가 먼저 맞받아

치고 나갔다.

"시장이 나쁘니까 배를 인수하지 않겠다는 뻔한 수작 아니냐?(This is typical market claim isn't it?) 고의로 문제를 만들어 시비를 걸어온다는 것을 우리는 알고 있다. 당신들 주장은 억지일 뿐이다."

이어서 변호사는 철저하게 부당성을 조목조목 직설적으로 지적했다.

세계해운의 중심 런던 변호사가 미국의 변두리 도시의 선주를 공박하고 나서면서 일단 상대 측 기를 꺾어 놓은 셈이었다. 하지만 이어진 우리 기술진의 설명은 서툰 영어와 상대방의 잦은 말 꼬리 잡기로 그 분위기를 이어가지 못했다. 그들은 틈틈이 우리 설명의 맥을 끊기도 하고 어떤 점은 지난번 설명과 다르다며 도대체 신뢰할 수 없는 사람들이라고 인신공격하는 투로 나왔다.

이번에는 내가 나섰다. 마주 앉아 있는 회장을 바로 쳐다보며 말했다.

"지금 이 자리는 상호 의견교환을 통해서 해법을 찾아보자는 뜻으로 마련된 자리인데, 지금 당신들은 말꼬리만 잡고 있지 않소. 그렇게 말문을 막아서 어떻게 하자는 것이오? 적어도 우리가 준비해온 해명과 대안을 충분히 설명할 기회는 줘야 되지 않소? 이런 식의 일방적 주장이 무슨 의미가 있겠소."

내가 말을 마치자 그 동안 한마디도 하지 않고 묵묵히 지켜보고 있던 회장이 입을 열었다.

"당신 말이 맞는 것 같소. 어디 얘기를 더 들어 봅시다."

회장은 역시 노련했다. 자기도 문제의 본질과 유리한 해법을 알아내기 위해서는 우리의 이야기를 잘 들어야 한다고 생각한 것이다. 그때서야 우리 기술진을 대표하여 박승균 이사(전무 역임, 현 울산대 교수)가 조목조목 차분하게 설명해 나가기 시작했다.

우선 배의 정상적 건조를 방해한 그 동안의 부당한 태도를 문제 삼았다. 그들은 교환된 각종 서신과 관련 기록을 근거로 사소한 문제를 가지고 우리를 공격했지만, 반대로 우리 기술자들은 벽에 걸린 대형 도면을 이용해 효과적으로 설명하고 있었다. 도면은 우리를 압박하기 위해 걸어 놓았지만 오히려 우리 입장을 조리 있게 설명하는데 큰 도움이 되었다. 도면을 활용한 우리 측 기술자의 설명은 서툰 영어로 그들과 말싸움 할 때와는 확실히 달랐다. 자신감이 넘쳤고 막힘이 없었다.

드디어 분위기가 우리 쪽으로 기울고 있었다. 나는 이 틈을 타서 선주 측을 공격했다.

"당신들은 건조되고 있는 배를 직접 본 적도 없지 않은가. 도면만 보고, 감독기술자의 말만 전해 듣고 문제 삼는 것 아닌가?"

양측의 주장이 맞서며 쉽사리 결론이 나지 않은 상태에서 회의가 끝나가자 회장이 내게 다가왔다.

"단둘이 얘기 좀 하고 싶으니 함께 밖으로 나갑시다."

그의 승용차로 단 둘이 간 곳은 언덕 위에 있는 그의 커다란 저택이었다. 그는 유명한 작가가 살던 집이라며 안내해 주고는 좋다는 포도주도 내왔다. 서로 터놓고 얘기할 수 있는 분위기를 만드는 모습이었다. 식사를 하면서 그가 이야기를 꺼냈다

"지금까지는 우리 사장 얘기만 들었는데 오늘 듣고 보니 문제가 간단치 않은 듯하오. 어떻게 풀어나갔으면 좋겠소? 솔직한 의견을 주시오."

베테랑 사업가로서 노련한 제안이었다.

나는 간단명료하게 대답했다.

"지금까지의 상황에 대해서 왈가왈부 할 것 아니라 회장님께서 직접 조선소를 직접 방문해서 실상을 잘 파악한 다음 협의를 해야 실마리가 풀립니

다."

사장에게만 맡겨 놓으면 문제가 더 꼬일 뿐이니 회장이 직접 나서는 것이 상책이라고 강조했다.

그리고 얼마 후 라스코 본사의 기술책임자가 현대중공업을 찾았다. 내가 제안했던 회장과 사장은 빠진 채 실무진만의 방문이었다. 그들은 모두 유태인 사업가들이었는데 결국 '게는 가재 편'이라는 것을 보여주는 일이었다. 어찌되었건 이 방문으로 사소한 문제는 어느 정도 해소되었지만 궁극적으로 해운업이 불황이었고 이 프로젝트 자체에 대한 면책이 절실했던 사장의 입장과 일부 부품문제에 대한 이견 때문에 결국 런던 국제쟁송법정에까지 가서 맞붙어야 했다. 그 재판에서 라스코 사장은 20여 명의 변호인, 기술자, 증인 등을 대거로 동원하며 총력전을 펼쳤으나 영국인 재판장은 우리 조선소의 손을 들어주었다. 시황 때문에 입게 될 손해를 조선소에 떠넘기려 한다는 고의성을 재판부도 인정한 것이다. 그로부터 얼마 후, 이춘림 회장과 동경의 한 호텔에 머물고 있는데 루이스 사장으로부터 전화가 걸려왔다. 만나서 할 얘기가 있다는 것이었다. 소송 뒤처리 문제라는 것을 직감하고 약속한 장소로 나갔다.

루이스 사장이 먼저 입을 열었다.

"런던에서 패소를 했지만 그 문제를 지금 단계에서 원만히 타협으로 풀었으면 합니다."

사실상 백기를 든 것이다.

그와 회장의 체면을 생각해서 약간의 양보를 해 주는 선에서 타협을 보았다. 오래 끌어 봐야 서로 상처만 깊어지고 변호사만 덕을 보는 기나긴 싸움을 매듭지은 것이다. 얼마 후 사장은 창업주의 딸인 부인과 이혼하고 회사를 떠났다는 소문이 들려왔다.

당시 라스코 사가 우리를 얕보았던 데는 그만한 내력이 있었다. 라스코는 미 해군 출신의 유태인계 회장이 2차 대전 후 잉여 미 군수물자 거래를 하면서 급속히 성장한 회사로, 초창기부터 여러 명의 한국인 직원 및 선원을 채용하고 있었다. 그들의 오랜 경험에 비추어 보면 당시 후진국인 한국인들은 온순하고 수동적이라고만 얕보고 있었던 것이다. 80년대에 들어선 한국 조선소의 관리자들이 전문지식과 경험이 많은 젊은 엘리트 그룹이라는 점을 미처 파악하지 못했던 것이다.

결국 상대방의 약점을 찾아 철저하게 법률적인 압박으로 나왔던 라스코 사장의 비인간적 접근방식과 인간관계를 바탕으로 난제를 풀어가는 그리스인 레모스 회장의 해결방식은 극단적으로 달랐다. 그리고 그 결과도 현격하게 다르게 나타났다.

합동작전의 개가, BBSL의 RORO선 수주

BBSL(Barber Blue Sea Line)의 RORO 선 수주전. 나의 고집불통이 이 프로젝트를 당시 우리 외교가의 대 사건으로 비화시켰다는 의견들도 있었다.

틀린 말이라고 부정할 생각은 없다. 사실 그때 너무 많은 고위 인사가 곤경을 겪었다. 그러나 해외 공관장의 부당한 개입과 그로 인해 국익에 손해를 끼치게 되는 행위를 묵인해서도 안 된다는 나름대로의 사명감을 쉽게 접을 수는 없었다.

이 프로젝트는 신개념의 트레일러트럭 전용운반선으로 급증하는 해상물동량에 비해 미비한 항만시설 문제를 해소하는 대안으로 개발된 특수 선박이었다. 하역시설이 열악한 항구에서 화물을 실은 대형 트레일러를 직접 배에 싣고 목적지에 도착, 그 트레일러를 화주가 원하는 지점까지 육상 운송시키는 이른바 도어 투 도어(Door to Door) 서비스를 가능케 하는 선형이었다.

자동차 630대, 컨테이너 박스 2,460개를 실을 수 있는 4만 톤 급 대형 RORO(Roll-on/Roll-off)선으로 노르웨이, 스웨덴, 영국의 세 회사가 합작으로 설립한 BBSL이 오랜 연구 검토 끝에 개발한 선형이기도 했다. 현대중공업은 이미 스웨덴 스테나(Stena)라인의 8,800톤 급 소형 로로선 건조 경험을 가지고 있었다.

1981년 하순 로로선 3척에 대한 발주를 위한 국제 입찰공고가 나왔다. 우리로서는 해볼 만한 게임이었다. 다만 미쓰비시, 미쓰이, 가와사키중공업이 컨소시엄으로 참여한 일본이 경계해야 할 대상이었다. 워낙 조선업계 전체가 불황이었고 부가가치가 높은 특수선이었기 때문에 일본도 어느 때보다 적극적으로 수주경쟁에 나서고 있었다. 하지만 수주를 위한 집중공략은 우리가 일본에 이미 앞서 있었고 수주는 우리 쪽으로 기울고 있었다. 그리고 그 해 12월 최종발표를 앞두고 있었다.

나는 현대중공업 이춘림 사장과 함께 현지에 오래 머무르며 가격협상까지 마치고 난 후 계약의 세부사항에 대한 끝내기 협상을 하고 있었다. 그런데 어느 날 아침 회의를 들어갔는데, 영국 해운회사 대표로 온 기술자가 일방적으로 우리에게 가격을 낮출 것을 요구했다. 가격협상이 사실상 끝난 것으로 당사자간 양해가 되어 있는 마당에 황당한 일이 아닐 수 없었다. 그는 수인사 후 양측 대표가 자리에 앉자마자 거두절미하고 무례한 태도와 다소 겁주는 언사로 말을 꺼냈다.

"한국의 다른 조선소가 현대보다 훨씬 낮은 가격을 제시했기 때문에 만약 당신들이 가격을 내리지 않으면 우리는 그쪽을 택할 수밖에 없소. 현대는 값을 다시 내 보시오."

큰 방안에 갑자기 무거운 침묵이 흘렀다. 사전에 내부협의가 없었던지 선주 측 다른 대표도 모두 놀라는 분위기였다.

한동안의 침묵을 깨고 나는 단호한 태도로 말했다.

"당신이 지금 계약조건을 마무리하자고 만난 자리에서 협상이 끝난 가격문제를 재론한다는 것은 협상을 거꾸로 하자는 말밖에 되지 않소. 협상 대표도 아닌 당신이 이처럼 일방적이고 무례하게 나오니 대단히 실망스럽소. 우리는 이런 식의 뒷거름 식 협상을 위해 먼 한국에서 온 것이 아니오. 더 이상의 회의가 무의미한 것으로 생각되오."

나는 그의 무례한 태도를 빌미로 더 이상 협상을 계속할 수 없다고 항의

하고 펼쳐 놓은 노트북을 접었다. 의외의 반응이라고 생각했는지 그는 바로 대답을 못하고 머뭇거리고 있었다. 선주 측 분위기도 그친구가 다른 동료에게 그 동안 애를 먹였는지 잘 못 걸려들었다고 고소해 하는 표정이 역력했다.

선주 측 협상대표로 해군제독 출신인 거구의 크루제(Kruse) 씨가 그 영국인에게 짧고 분명하게 말했다.

"당신이 결례를 범했고 우리 모두의 체면을 손상했소. 미스터 음에게 사과하시오."

그러자 그가 마지못해 아주 작은 목소리로 사과했다.

"미스터 음, 미안합니다. 본의 아니게 결례를 했습니다."

하지만 더 이상 협상을 계속할 분위기가 못되었다.

예상치 못한 복병을 만난 우리는 일단 책상에 펼쳐 놓은 서류더미를 싸들고 오슬로 지점 사무실(지점장 김철웅 차장)로 철수했다. 무엇보다 우선적으로 상황파악을 해야 했고, 또 대처방안을 마련할 시간도 벌어야 했다. 가만히 생각하니 어처구니가 없었다. 도대체 누가 끝내기 판을 흔들었다는 말인가.

우리는 바로 며칠 전 우리가 투숙하고 있던 SAS 호텔에 K 회장이 머물다 갔다는 사실을 기억하고 당장 대리인을 통해 더 상세한 내용을 파악해 보았다. 현지의 저명한 선박 중개인인 플라토우(Platou) 사의 비어만(Biermann) 씨에 의하면 한국의 D사가 영국선주를 통해 현대에서 제시한 값보다 훨씬 낮은 값을 제의해 왔다는 정보였다. 하지만 선주의 협상 책임자들 대부분은 현대에 발주하는 것으로 사실상 결정하고 있었는데, 막판에 D사가 치고 들어오는 바람에 혼란스러워하고 있다는 것까지 확인해 주었다. D사는 당시 조선사를 막 인수한 상태로 기술수준이나 재정상태를 신뢰할 수 없다고 선주측은 판단하고 있었다. 반대로 D사 입장에서는 그렇기 때문에 어떻게 하든 꼭 수주해야 하는 프로젝트이기도 했다. 그래서 협상이 사실상 끝난 것을 알면서도 뒤늦게 낮은 가격을 제시하며 뒤집기를 노렸던 것이다.

우리도 그대로 있을 수만은 없었다. 우리는 먼저 입찰 절차상의 문제점을 따지고 들었다. 당시 정부는 조선소간 과당경쟁의 폐해를 방지하기 위하여 사전 입찰 추천 제도를 두고 있었다. 수출입은행의 연불지원 자금을 써야 하는 공개입찰의 경우 꼭 거쳐야 하는 절차였다.

우리는 그날 오후 약식회의에 참석해서 선주 측에 분명한 입장을 밝혔다.

"우리는 한국 정부로부터 공식적으로 입찰자격을 받아 적법하게 참여를 한 것이오. 한국 정부의 연불수출자금을 사용하려면 관계기관의 사전승인이 필요한데, 다른 한국 조선소는 추천을 받지 못했소. 그러니 선주 측이 제출 받은 가격제안은 효력이 없습니다."

그런데 선주 측으로부터 나온 말은 뜻밖이었다.

"우리는 이미 노르웨이 주재 한국대사 이름으로 '한국 조선소라면 현대나 D사나 동등한 입장에서 정부 연불자금 지원이 가능하다' 는 내용의 서신을 받았소. 이것이 사실이라면 당신들이 가격을 깎아야 하는 것 아니오?"

일격을 당한 꼴이었지만 나는 물러설 수 없었다.

"그것은 말이 되지 않소. 그 같은 내용의 확인은 본국 정부에서 하는 것이오. 현지 대사에게는 그러한 유권해석을 할 권한이 있을 수 없으니 그 편지는 구속력이 없는 문서에 불과하오."

하지만 그들은 이 문제는 현대가 알아서 처리할 문제라는 태도를 보였고, 결국 회의는 아무 진전 없이 싱겁게 끝났다.

우리는 현지 대사의 월권행위로 인한 돌발사태를 본사에 즉시 보고하여 관계기관에 항의하고 시정할 것을 요청했다. 그런데 그 시정이 쉽지 않았다. 먼저 선박수출을 주관하는 부처인 산업자원부에 가서 부당입찰의 시정을 요청했지만, 그 서신을 내 보낸 공관장을 관장하는 부처는 외무부이므로 그곳에 가서 해결을 보라는 것이었다. 당시는 군 장성 출신의 대사가 약간 명 있었는데 그들은 통상 '대사는 자국의 이익을 위해서 해당 관할지역에 발생하는 어떠한 사안에도 개입할 수 있다.' 는 군대의 지역 사령관 같은 사고방식을 갖고 있는 듯싶었다. 노르웨이 대사가 어떻게 그 같은 내용의 서신을 쓰게 되었는지는 어렵지 않게 짐작할 수 있었다. 게다가 서울의 외무부 실무진은 권부를 의식해서인지 이 문제에 개입하기를 꺼려했고, 시정해 보겠다는 의지도 별로 없었다. 서울에서의 시정조치는 별다른 진전이 없는 가운데 북구의 추위가 기승을 부리는 12월 하순이 되었다.

그 상황은 우리로서도 난처하기는 마찬가지였다. 문제가 있다고 항변은 하지만 선주 측 입장에서 보면 대사의 공문이 있는 한 추가 협상을 하지 않은 채 발주를 결정할 수는 없는 문제라는 것을 우리도 잘 알고 있었기 때문이다.

크리스마스 휴가철이 가까워오면서 그쪽에서도 답답했던지 드디어 구체적인 제의를 해왔다.

"현대와 D사의 가격차가 10퍼센트는 되는데 현대의 실력을 감안하여 가격을 4~5퍼센트 정도를 내리는 선에서 종결짓는 것이 어떻겠소?"

하지만 나는 받아들일 생각이 없었다.

"그건 당치도 않은 말이오. 가격협상은 이미 여러 날에 걸쳐 양측 대표 간에 상호합의를 끝낸 것이오. 그러니 가격을 다시 협상하자는 제안에는 관심이 없소."

나는 단호하게 못을 박았다.

배 값이 척당 약 7천만 달러였다. 5퍼센트만 깎여도 350만 달러고 3척이면 1천만 달러가 넘는 큰 액수였다. 그 만큼의 순이익이 날아가는 것이다. 깎일 돈도 돈이었지만 막바지에 고지식한 군 출신 대사를 앞세워 거래질서를 무너뜨리고 국익에 반하는 행위를 마다 않는 후발 조선소의 억지에 굴복할 수는 없었다. 나는 혼자 고민 끝에 하나의 아이디어를 냈다. 그리고 중간에서 답답해하던 우리 중개인에게 부탁했다.

"내가 이 문제를 어떻게든지 수습해 볼 테니까 시간을 좀 벌어 주시오. 그리고 가격문제는 쉽지는 않겠지만 어느 정도는 고려해 보도록 하겠소. 그러니 '어떤 가격에 우리에게 발주하겠다' 는 문서를 하나 만들어 주시오."

선주의 입장을 구매제안서 즉 카운터오퍼(Counter Offer) 형식의 문서로 확실하게 해두겠다는 계산이었다. 선주 쪽도 시간이 급했던 데다 아이디어도 적절했다고 판단한 것이었는지 다음 날 바로 문서를 만들어 왔다.

"가격을 4퍼센트만 깎아주면 현대에 발주하겠다. 단, 이 제안의 유효기간은 10일이다." 라는 요지였다.

이 문서는 최악의 경우 서울에서 대 정부 교섭이 실패하더라도 4퍼센트만 더 깎으면 우리에게 발주한다는 확약서로서 D사의 수주 가능성을 원천적으로 봉쇄할 수 있는 무기였다.

그 정도면 됐다 싶어서 이 문서내용과 함께 지금까지의 상황을 본사에 보고했다. 그러자 정주영 회장이 직접 나섰다. 당장 회사 내 고위임원들에게 불똥이 떨어졌다.

코트라, 수출입은행, 상공부, 외무부 등 관계부서를 문서와 면담을 통해 집중적으로 공략했다. 하지만 결과는 그다지 신통치 않았다. 현직 대사가 독자적으로 결정한 문제라며 개입을 꺼리고 서로 책임을 미뤘던 것이다. 모두 실세 대사인 당사자와 직접 해결해 보라는 분위기였다.

마침 연례행사로 서울에서 열리는 해외공관장 회의에 문제의 대사도 참석 중이었다. 관계 기관을 상대로 시원한 대답을 얻어내지 못한 본사 고위층(당시 이현태 부사장, 신철규 부사장, 황성혁 전무)은 문제의 대사를 만나 담판을 짓기로 작정하고 공관장 회의가 끝나는 날 저녁 숙소인 플라자호텔에서 진을 치고 기다렸다. 일행은 지루하게 기다린 끝에, 자정이 넘어서야 취기가 오른 대사를 겨우 만날 수 있었다. 마지못해 대사가 자신이 묵고 있는 방으로 일행을 안내했다.

"나는 대한민국 전권대사로서 소신껏 처리한 일이고 일개 업자가 날 우습게 보고 이렇게 나오면 큰 코 다치게 될 것이오. 나는 군 시절에 해병대를 해군에 통합하는 난제도 목숨을 걸고 처리해낸 사람이오."

대사는 일방적으로 부하 다루듯 자기주장만 펴고 일행에게는 말할 기회를 주지 않았다. 피곤에 지치고 자존심이 크게 상한 우리 일행은 거칠게 항의했다. 아울러 공문서의 부당성을 지적하고 국익차원에서 마땅히 철회해야 된다고 강력히 주장하며 한바탕 설전을 벌이고 돌아왔다.

우리 측으로서는 정주영 회장이 직접 나선 일이니 더 이상 물러설 수 없는 형편이었다. 전면적 압박에 몰린 외무부는 결국 장관의 결단으로 이 문제를 수습할 수밖에 없었다. 드디어 본사로부터 서울에서의 총력전이 성과가 있는 듯하니 대사가 귀임하는 즉시 만나 보라는 연락이 왔다.

현지에 머물고 있던 나는 이춘림 회장과 함께 대사를 방문했다. 이 회장이 예의를 갖춰 그 간의 소동에 대해 양해를 구하고 협조를 요청했다.

대사는 화가 풀리지 않은 어조였다.

"노가다 판이 거세다는 말은 들었지만 새까맣게 생긴 사람들이 깡패처럼 대들며 따지고 나와서 정말로 놀랐습니다. 나는 일생 동안 이렇게 자존심을 구기며 당해 본 적이 없어요. 내 참 기가 막혀서…."

두 부사장이 모두 날렵한 체구에 얼굴도 검붉어 겁을 먹었던 모양이었다.

"난 국가를 위해 항상 목숨을 내놓고 소신껏 살아온 사람입니다."

이어서 군 생활에서의 경력과 공적을 길게 늘어놓기 시작했다. 체통을 지키려는 의도가 보였다. 현 대통령과의 사적 친분도 내 비쳤다. 대사의 설명을 경청하고 나서 우리는 정중하게 다시 한 번 사과를 하고 부드러운 어조로 협조를 부탁한다고 거듭 말했다. 국익이 걸린 문제로 달리 해결방안이 없다고 못을 박았다. 한참 만에 대사가 다시 입을 열었다.

"그럼 내가 무엇을 어떻게 해 주면 된다는 거요?"

물러서겠다는 뜻이었다.

"예, 대사님 간단합니다. 그냥 요전에 쓴 편지는 잘못 됐으니까 없던 걸로 합시다, 이런 내용이면 됩니다."

"그래? 그렇다면 당신들이 문서를 써 가지고 와 보시오!"

나는 시간을 아끼려고 대기실로 나와 간략하게 문장을 만들어 대사에게 보여주고 승인을 받았다. 그리고 옆방에 있는 여비서의 도움을 받아 정식 공문을 만들어 대사의 서명을 받아 사본을 만들어 들고 서둘러 나왔다. 마침내 긴 터널을 빠져 나오는 기분이었다.

이런 우여곡절 끝에 받아낸 대사의 서신 덕분으로 더 깎자는 선주의 카운터 오퍼는 무용지물이 되었고, 결국 한 푼도 깎이지 않고 수주를 성공시켰다. 내외에서의 합동작전이 효과를 본 것이다. 발주의향서(Letter of Intent)를 받아 쥐던 그날, 오슬로는 온통 눈과 얼음으로 뒤덮여 있었다.

하지만 D사와의 악연은 이것이 끝이 아니었다. 이후에도 현대는 D사의 저가공세에 밀려 여러 건의 큰 계약을 내 줘야 했다.

1984년 초, 건조가 마무리되고 배를 인도하기 전의 명명식은 전야제부터 특별히 성대하게 열렸다. 해운회사 측에서도 사장을 비롯한 대부분의 임원

건조가 마무리되고 배를 인도하기 전의 명명식은 전야제부터 성대했다.

이 부인을 동반하고 참석했다. 마침 해운 시황도 이 신조선의 출발을 축하하듯 호황이었다.

선주는 신형 로로선을 홍보하는 차원에서 3척 중 뉴욕에 기항하는 1척의 명명식 겸 취항식을 뉴욕 맨해튼 항구에서 대대적으로 열었다. 이 명명식에 선주 측이 이춘림 회장 등 조선소의 관계 임원부부를 자신들이 모든 비용을 부담하여 초청했다. 우리 부부도 참석해서 월돌프 아스토리아라는 특급호텔에 투숙하며 브로드웨이 연극(안소니 퀸 주연의 '희랍인 조르바') 등을 보면서 며칠간 특별한 대

나도 특별히 그들에게 한정식을 접대했다.

접을 받았다.

이 프로젝트는 내가 영업활동을 하면서 가장 드라마틱했고 또 소신을 가지고 성사시켰던 일로 지금도 좋은 추억으로 남아있다.

1983년에는 선박시장이 다시 살아나 인도, 영국, 이집트 선주로부터 속속 큰 물량을 수주했다. 미국의 큰 선주인 오버씨 쉽홀딩(Overseas Shipholding)그룹과의 거래도 성사시키는 등 연초부터 분주했다. 특히 인도와 이집트의 경우 결정에 시간이 많이 걸리는 국영회사와의 거래여서 나는 어느 때보다 출장이 잦았다. 그런데 어느 날, 긴 출장을 마치고 본사에 출근해 보니 우리 영업본부 사무실이 몽땅 사라지고 없었다. 황당한 일이었다. 갑자기 사무실이 사라지다니.

사실을 확인해 보니 며칠 전 주말에 정 회장이 사무실로 직접 내려와 모두 울산으로 내려가라고 지시를 한 일이 있었다는 것이었다. 사무실을 책임지고 있던 황 상무가 궂은 날씨를 이유로 미적거리고 있자, 정 회장이 다시 내려와 불호령을 내렸다고 했다. 결국 그날로 이삿짐을 꾸려 내려갔던 것이다. 비까지 내리는 궂은 날씨 속에서의 이사였다.

울산에 내려가 보니 정몽준 사장실 옆방에 내 책상이 놓여 있었다. 1년 전 사장에 취임한 정 사장으로 하여금 조선소 영업부문을 직접 지휘하도록 배려한 회장의 조치였다. 그 조치는 결국 1978년부터 5년간 종합상사가 주관하던 선박의 해외영업을 1983년 5월부터 현대중공업이 주도적으로 추진해 나가는 계기가 되었다. 선박영업을 주 업무로 하는 해외지점 요원도 대부분 중공업으로 전직발령이 났다. 반면 선박의 해외영업 부문을 떼어준 현대종합상사는 소형선, 특수선, 중고선, 군용선 등을 대상으로 거래를 특화해 나갔다. 이 중 중고선 도입량이 대폭 증가하였는데 이는 선박시장의 침체로 고철 값에 내놓은 선박을 매입하여 해체한 다음 인천제철에 공급하는 물량이 폭증한 결과였다. 유명한 '서산 간척지 물막이' 목적으로 사용한 대형유조선(길이 320 미터)도 종합상사가 도입한 중고선박으로 인천제철 부두에서 해체되어 용광로로 사라졌다.

현금대신 주권(株券)을 받은 계약

싱가포르는 대형기업 대부분의 지분을 정부투자기관이 가지고 있었다. 대부분의 국가는 자국의 선박과 항공기를 전쟁, 내란, 천재지변 등의 유사시에는 국가에서 국방 안보용으로 전용하기 위해 평상시에도 특별 관리를 한다. 특히 강대국 사이에 낀 인구 500만의 소국인 싱가포르의 경우 해운 및 항공 산업을 전략적으로 육성관리하고 있었다.

싱가포르의 넵튠오리엔트라인(Neptune Orient Lines, NOL)도 그 같은 범주에 속한 국영 해운회사였다. 1982년 후반, 그 NOL사가 대형(3,000 TEU급) 컨테이너 전용선 2척에 대한 견적을 받고 있었다. 많은 시간 공을 들이며, 전력투구한 싱가포르 지사장 김동정 이사(현대종합상사 전무 역임)의 활약 덕분에 수주는 우리 쪽으로 기울고 있었다. 세부조건도 대부분 절충이 끝난 상태였다.

그런데 마지막 수주 확정단계에서 큰 걸림돌이 나타났다. NOL이 회사 자체자금이 부족하여 계약금을 현금으로 지불할 여력이 없다는 것이었다. 그래서 선주는 현금 대신 NOL의 새 주식을 발행하여 그 주권으로 지급할 수밖에 없는데 이를 받아들인다면 현대에 발주할 용의가 있다는 제안을 내놓았다. 자신들의 회사가 국영이기 때문에 대금회수에 문제가 없을 뿐만 아니라 해운시황이 좋아지면 초과이익도 기대할 수 있다는 설명이었다. 국영기업이라서 수금은 되겠다 싶었지만 생소한 제안이었다.

하지만 우리로서는 배가 인도되기 전까지 선가의 20퍼센트를 현금으로 받아야 했다. 나머지 80퍼센트에 대해서는 수출입은행에서 연불자금지원을 해주는데, 이 자금을 쓰려면 선가의 5퍼센트에 해당되는 1차 계약금이 입금되어 계약이 발효되어야 한다는 조건이 있었다. 가격이 비싼 일본 조선소는 자신들의 종합상사를 통해 이 문제를 해결할 수 있다는 것이었다. 하지만 우리는 마땅한 대안을 찾지 못한 채 계약협상을 더 진행시키지 못하고 있었다. 주식을 인수하라는 특이한 상황을 해결하기 위해 나는 재무담당 이영기 부장(중공업 부사장 역임)을 현지에 동행하려고 했다. 그런데 이 부장의 출장품의를 본 이현태 부사장이 이를 막고 나왔다.

"야 이 얼빠진 친구야, 바빠 죽겠는데 거기까지 쓸데없는 출장을 왜 가?"

이 부장이 이미 보충 설명을 했지만 소용없었다.

"주식 받고 계약한다는 게 말이나 되냐? 그 계약이 성사된다면 내 손가락으로 장을 지져라."

워낙 재무통으로 소신이 뚜렷한 상사의 말이었지만 이미 우리가 출국준비를 시켜놓은 터라 일단 싱가포르로 함께 가기로 결론이 났다.

이 말을 전해들은 나로서도 오기가 생기지 않을 수 없었다.

"그래? 손가락이 많은가 본데 어디 한번 해보자!"

반드시 성공시켜야 할 이유가 하나 더 생긴 것이다.

당장 한국의 코트라 격인 인트라닥스(Intrdax) 사를 찾아갔다. NOL이 국영회사이기는 했지만 이번 국제 입찰에 이 회사가 우리의 중개인 역할을 하고 있었고, 그들의 조언이 도움이 될 수 있다고 판단했다. 그곳 사장이 NOL의 이사를 겸임하고 있었던 터라 그 자리에서 조언을 얻을 수 있었다. 내용인즉 NOL 주식이 싱가포르 증권거래소에 상장되어 있는 우량주이므로 신주를 매각할 수 있다는 것이었다. 주식이 매각된다면 우리는 바로 현금화 할 수 있는 것이니 매수자만 찾으면 될 일이었다. 일은 의외로 쉽게 풀렸다. 중개인 회사 사장의 소개로 방문한 증권회사에서 자신들이 직접 인수하겠다고 나선 것이다. 그 자리에서 주식이 발행되면 얼마를 할인한 금액으로 인수하겠다는 정식 제안서를 받아 들었다. 일단 현금이 들어올 수 있는 길을 튼 것이다. 나는 그 제안서를 근거로 NOL과 정식계약을 체결했다. 이 계약식에는 정몽준 사장도 동행했다.

계약을 마치고 본사로 돌아왔지만 재무 담당부서에서는 여전히 돈 없는 회사와의 계약이라며 수금에 회의적인 반응을 보였다. 물론 재무 담당은 늘 보수적 시각을 가지고 있는 것이 사실이다. 하지만 우리 영업맨들은 모든 가능성에 대하여 긍정적이고 도전적인 태도로 활동하는 사람들이다.

얼마 후 싱가포르로부터 주식이 발행되었다는 연락이 왔다. 주식을 인수하여 증권회사에 양도하는 절차를 위해서 들어오라는 것이었다. 나는 NOL 회의실에 수북이 쌓여 있는 주권 한 장 한 장에 배서를 하여 합석한 증권회사 책임자에게 양도했다. 그리고 곧바로 1차 계약금 5퍼센트가 수출입은행으로 입금되었고, 그것으로 공식적인 계약은 성사되었다. 1984년 8월의 일이다.

한국의 다른 경쟁 조선소가 일본의 종합상사를 통해 계약금 없이 건조하겠다고 나섰지만 이를 물리치고 올린 개가였다. NOL과는 이후 컨테이너 박스까지 대량으로 수주하면서 돈독한 관계를 이어갔다. 그 해 현대중공업은 세계 조선시장의 물량 10퍼센트를 확보하면서 당시 세계 1위였던 미쓰비시중공업을 제치고 세계 1등에 오르는 기염을 토했다.

그런데 문제가 엉뚱한 곳에서 터졌다. 국내 신문에 현대가 외국회사인 NOL을 인수한 것처럼 크게 보도된 것이다. 수주에 실패한 경쟁사에서 나온 내용이었다. 그로부터 한 달 후, 난데없이 검찰로부터 검찰에 출두하라는 소환장이 날아들었다. 외환관리법 위반에 대해서 조사할 것이 있다는 것이었다. 회사대표 앞으로 날아온 소환장이었는데 회장 대신 당사자인 내가 결국 변호사도 없이 혼자 들어가기로 했다. 회사를 위해서나 국가를 위해서나 표창을 받을 일이지 무엇을 잘 못했다고 조사 받는다는 말인가, 하는 생각을 하며 검찰청으로 들어갔다. 책임자는 L 검사였다.

조사를 받으면서도 나는 당당했다. 그들에게 비굴하게 변명할 것이 없었기 때문이다. 하지만 그들도 쉽게 물러서지 않았다.

"당신, 외환관리법을 알고 하는 소리요? 외국법인의 주식을 취득할 경우 정부의 사전승인을 얻어야 한다는 것을 모른다는 말이요. 명백한 범법행위로 처벌을 받게 될 겁니다."

"그 점은 잘 모르겠는데 나로서도 할 얘기가 있소. 이번 거래로 우리나라에 손해를 끼친 것도 없을 뿐만 아니라 주식을 소유하거나 가지고 들어온 적도 없소. 인수 즉시 증권사에 주어 현금을 바로 국내로 송금했을 뿐이오."

그것으로 조사는 끝이 났고 사건은 종결되었다. 나중에 알게 되었지만, 신문에 크게 보도되어 어쩔 수 없이 조사한 일이었다. 그러나 외환관리법을 엄격히 적용하면 불법행위임에는 분명했다. 어쨌거나 무책임하고 경박한 언론보도에는 불쾌한 일이었지만 사내 보수파에게 한 수 보여준 것은 통쾌한 일이었다.

통 큰 대통령과 노회한 대통령

1982년 한국이 인도네시아로부터 액화천연가스 LNG를 장기적으로 수입하기로 결정하면서 LNG 운반선을 수주하기 위해 나섰다. 고급기술이 필요한 고부가가치 특수 선박인 LNG선은 지금까지 우리가 건조해 오던 배와는 차원이 달랐다.

운송권은 수입국인 한국이 유리한 입장이었지만 국제간의 거래이니만큼 우리는 수입창구인 가스공사와 주무관청인 동력자원부 담당자들을 찾아가서 지원과 협조를 구했다. 그때까지는 모든 면에서 우리가 원하는 방향으로 잘 진행되고 있었다. 한편으로는 LNG선 건조경험이 없었기 때문에 기술을 가지고 있는 노르웨이의 모스 로젠버그 조선소로부터 기술도입 문제까지 마무리 지어놓고 있었다.

한편 운송권의 열쇠를 쥐고 있는 인도네시아에서의 활동 역시 매우 중요했기 때문에 우리는 수하르토 대통령의 아들을 후견인으로 정하고 발주처인 국영석유공사(PERTAMINA)를 공략했다. 이렇듯 상황은 우리 쪽으로 기우는 분위기였기에 기대를 해 볼만 했다.

그 무렵 수하르토 대통령의 한국방문 일정이 발표되었다. 인도네시아 대통령의 한국 방문은 우리에게는 더없이 좋은 기회라는 생각이 들었다. 수입국인 한국의 대통령이 한 마디만 거들면 될 수 있는 일이었기 때문이다. 수송권은 인도네시아가 갖고, 배는 한국에서 짓자는 쪽으로 타협되면 해결되는 문제였다. 그리고 수하르토나 전두환 대통령 모두 군 출신이었으니 서로 통하는 것이 있고 쉽게 타결이 되겠다 싶었다.

드디어 두 대통령이 만나는 자리에서 우리의 기대대로 자연스럽게 LNG 도입과 수송 건이 화제에 올려졌다. 하지만 수송문제에 대한 전 대통령의 통 큰 대화방식은 우리의 기대와는 어긋난 방향으로 흘러가고 있었다.

"LNG 가스 수입에 따른 수송문제는 귀 대통령께서 알아서 해주십시오."

물론 전 대통령으로서는 고령의 군 선배에 대한 예우차원에서 한 말로 상대방도 알아서 한국을 배려한 반응을 기대했을 수도 있다. 그러나 노회한 수하르토 대통령은 실리를 택하는 결단을 내렸다. 정상회담 직후 인도네시아의 모든 언론매체는 인도네시아가 LNG 판매와 더불어 장기 운송권까지 받아내는 큰 성과를 올렸다고 일제히 보도했다. 수하르토는 귀국 기자회견을 하면서 수송은 우리가 맡기로 합의했다고 재확인까지 했다. 10년간의 장기 수송권이었으므로 큰 수익이 보장되는 이권사업이었고, 대통령의 방한 핵심성과의 하나였다.

결국 많은 공을 들이고 공략했던 LNG운반선 건조시장 진입은 허무하게 실패로 끝나고 말았다. 그때의 기회를 놓치고 절치부심 끝에 현대가 다시 LNG선 시장에 진입하기까지는 무려 10여 년을 더 기다려야 했다. 정상회담의 중요성을 한눈에 보여주는 사례로 스케일 큰 군 출신 국가원수의 판단과 관련 참모들의 소극적인 보좌가 얼마나 허망한 결과를 가져다 줄 수 있는지를 확인한 사건이었다.

US라인 프로젝트의 교훈

오늘날 흔히 보는 운반용 컨테이너 박스를 이용한 운송방식을 최초로 도입한 사람은 미국 해운업계의 거물 매크린(Malcom McLean)이었다. 그는 시랜드(Sea Land) 선박회사를 레이놀즈(Reynolds) 그룹과 공동으로 인수하여 컨테이너를 이용한 운송방법을 본격적으로 도입, 큰 성공을 거두었다. 그 후 1978년 해운회사 US라인(U.S. Lines Inc. USL)을 인수하여 세계일주 항로에 투입할 수 있는 대형 컨테이너 전용선 건조를 구상하고 있었다.

뉴욕지점을 통해 US라인에서 대형 컨테이너선 10여 척을 건조한다는 정보가 입수되었다. 이에 정희영 사장을 중심으로 적극적인 수주활동에 들어갔다. 몇 차례 협의 끝에 기술 및 가격 조건에는 어느 정도 접근을 보았다. 하지만 수출입은행의 연불자금을 쓰기 위해서 필요한 선수금(20퍼센트)을 확보하는 문제가 걸림돌이었다. 수 억 달러에 달하는 큰 규모였기에 우리로서는 포기할 수 없는 프로젝트였다. 때문에 어떻게든 선수금 문제를 풀어 계약을 마무리 짓고 싶었다.

다행히 선주가 저명한 사업가였기 때문에 개인적인 재산은 상당한 수준이었다. 먼저 선주의 재산을 담보로 받을 수 있는지 파악에 들어갔다. 당시 수출입은행장을 대동하고 선주의 안내로 미국 현지조사까지 나섰다. 하지만 대부분이 현금으로 만들기 쉽지 않은 농장, 광산 등 부동산이었다. 결국 수출입은행에서도 어렵다는 결론을 내렸다.

그 후 1년여가 지난 어느 날, 국내 신문에 깜짝 놀랄 기사가 나왔다. 대우가 US라인으로부터 12척의 컨테이너 전용운반선을 5억 7천만 달러에 수주했다는 내용이었다. 대우가 금융문제를 어떻게 해결하고 수주할 수 있었을까 생각하고 있는데 정주영 회장실에서 올라오라는 연락이 왔다.

"이거 어떻게 해서 대우로 넘어간 거야?"

나는 자초지종을 설명했다. 특히 선주 쪽의 선수금 지불능력에 문제가 있어서 은행의 승인이 불가능할 것이라고 보고했다. 그런데 정 회장이 말을 가로막았다.

"당장 찾아 가봐. 변명할 생각만 하지 말고…"

간결한 지시에 더 할 말이 없었다.

바로 사무실로 돌아와 뉴욕지점에 면담약속을 잡아 보라고 지시하면서 출장 준비를 서둘렀다. 그리고 다음 날 아침 비행기에 몸을 싣고 뉴욕으로 날아가 공항에서 바로 지점장과 함께 US라인 회장의 사저인 맨해튼의 맨션으로 찾아갔다.

다행히 매크린 회장은 우리를 반갑게 맞아주었다. 나 역시 급히 오게 된 전후 사정을 이야기하며 정주영 회장의 특별한 선물이라며 청자화병을 내밀었다. 그리고 바로 본론으로 들어가서, 다소 섭섭하다는 어조로 말했다.

"그 프로젝트는 우리가 오랫동안 많은 공을 들인 것인데 어떻게 우리도 전혀 모르게 진행할 수가 있습니까. 적어도 동등하게 경쟁할 기회는 주셨어야 하는 것 아닙니까."

78세의 노 회장은 점잖은 목소리로 답했다.

"현대 측 입장을 왜 모르겠습니까. 그럴만한 사정이 있었으니 정 회장께 잘 말씀 드려 주시오."

그는 완곡하지만 정중하게 거절의 뜻을 분명히 했다.

다시 한번 우리에게 경쟁에 참여할 기회를 달라고 간청했지만 마찬가지었다.

"현대의 선의와 능력은 충분히 압니다. 그러나 이미 다 결정이 된 건입니다. 당신들이 수용할 수 없는 어려운 조건을 대우는 수용했고요. 그러니 이번 건은 어떻게 할 수 없군요. 다음 기회를 봅시다."

너무 점잖게 말하는 그 앞에서 나는 뭐라 더 조를 수가 없었다. 나는 하는 수 없이 빈손으로 귀국하여 정 회장에게 보고했다.

"알았어."

그뿐이었다. 아주 실망스러운 표정이었지만 어쩔 수 없었다.

대우는 선박건조에 들어갔고 건조된 선박 12척은 모두 선주에게 인도되었다. 나중에 알고 보니 수출입은행이 요구하는 지불보증을 은행단에서 50퍼센트의 지급보증을 받고, 50퍼센트는 수출보험제도를 잘 활용했다는 것이었다. 선수금 20퍼센트는 선주와 특별한 방법으로 마련했을 것이다.

그런데 그 후 1986년 말 일간신문에 US라인의 부도소식이 실렸다. 세계일주 항로를 겨냥한 거대한 계획이 문제가 됐던 것이다. 항만 및 육상운송시설 등이 미비한 데다 그 후로 경기까지 나빠지면서 화물부족으로 생긴 불상사였다. US라인이 발주한 배는 12미터 길이의 컨테이너(FEU, 40 Ft

Equivalent Units) 3천 개 정도(20FT 기준 약 4000개)를 싣고 파나마 운하 통과(PANAMAX)가 가능한 새로운 선형이었다. FEU(Forty foot Equivalent Units) 규격 컨테이너는 미국형으로, 세계적으로 일반형인 TEU형보다 운영상 제한이 컸다. 이러한 파나맥스급 대형선이 일반화되는 데까지는 10여 년이 더 걸렸다. 너무 앞서 나간 것이 실패의 원인 중의 하나였던 것이다.

어찌 되었건 US라인은 대우에게 연불금 상환불능 상태에 빠졌고, 수출입보험공사(수출입은행이 업무대행)는 선주 대신 거액의 선박대금의 지불 의무를 떠안을 수밖에 없었다. 선박은 모두 건조선가의 10퍼센트도 받지 못하고 경매되었다. 미국 국적의 선박을 경매할 경우 미국회사에 한해서만 입찰이 허용된다는 미 정부의 제약 때문이기도 했다. 당시 보험공사는 거액 보험금을 지불하게 되어 재무상태에 큰 어려움을 겪어야 했다는 사실을 <수출보험공사 20년사>는 기록하고 있다. 이 문제는 국정심사에서도 한동안 문제가 되었다. 보증은행에 대한 지불의무를 떠안은 조선소도 결과적으로 어려움이 없지 않았겠지만, 대우조선이 보험공사로부터 받은 거액의 건조자금은 새로 인수한 옥포조선소의 정상화뿐만 아니라 대우의 그룹경영에 적지 않은 도움이 되었을 것이다.

이처럼 수출관련 지원제도는 한국기업의 고속성장에도 적지 않은 기여를 한 것이 사실이다. 특히 배 한 척이 수천만 불에 달하고 여러 척을 수주하는 경우 쉽게 수 억불대가 되므로 수출입은행의 자금은 당시 고속성장기에 들어선 대기업들의 돈줄 역할을 톡톡히 해냈다. 물론 이후 대우조선이 국익에 기여한 것도 결국은 그때의 제도가 있었기에 가능한 것이었다고 할 수 있을 것이다.

일주일간의 런던
국제상사중재위원회 증인출석

선박영업을 하다 보면 인도네시아 LNG 운송선 같은 대어를 놓치고 허탈하게 되는 경우가 있다. 그런가 하면 수주 실패가 더 큰 낭패를 면하게 하는 경우도 있다. 미국 US Line의 대형 컨테이너선을 수주했더라면 우리는 오히려 큰 어려움을 겪게 되고 말았을 것이다. 물론 낭패를 가정하고 수주를 포기한 경우야 없지만, 그래도 그런 일은 천만 다행의 위안을 삼게 된다. 또 다른 경우는 국제 선가가 급등함에 따라 수주는 확정되었으나 선가인상을 요구하거나 의도적으로 포기하는 경우가 있다. 이 같은 경우 영업일선 책임자의 입장은 곤혹스럽기 그지없지만 경영층의 결단이므로 어떻게든지 수습을 해야 한다. 마무리하는데 10년이나 걸린 노르웨이의 프레드 올젠 (Fred. Olsen) 해운회사와의 신조(新造)거래가 그렇다.

해운시장이 바닥을 헤매는 86년 초, 프레드 올젠사는 신조투자의 적기라 판단하고 13만 2천 톤 급 유류운반선 3척을 발주하게 되었다. 그들로서는 13년 만에 다시 시작하는 해운사업이었다. 프레드 올젠사는 17세기 중반에 설립된 회사로서 4대째 내려오면서 해운은 물론 유명한 아케르(Aker) 조선소와 미국의 시계 제조사인 타이맥스(Timex Corp.) 등을 소유한 세계적 기업이다. 현재는 5대 째로 딸이 사장으로 있다.

BBSL 신조사업 수주에 큰 역할을 했던 비어만(F. Biermann) 씨의 도움으로 그 해 7월 가계약(Memorandum of Agreement, MOA)을 체결하게 되었다. MOA의 유효기간은 8월 15일로 못 박고 선주 측 이사회의 승인이 나야 된다는 조건이었다. 하지만 7월 말에 선가를 9만 6천 불 씩 더 깎는다는 조건이 붙었고, 우리는 이를 승인으로 인정할 수 없다고 맞섰다. 무엇보다 오랜 시간에 걸쳐 합의한 선가가 너무 낮았고 시황도 개선되고 있었기 때문이다. 선주 측 대표와 우리의 오슬로 지사장(김철웅 이사)이 마무리 협상에 들어갔으나 진전이 없었다. 그렇게 되면서 마침 유럽에 출장 중이던 내가 선주 측 대표 뵤엔 에이뎀(B. Eidem)사장과 협상을 하게 되었다. 에이뎀은 변호사 출신으로 70년대에 파산한 노르웨이의 대 선주(Reksten)로 부터 큰 금액의 채권 회수에 성공하면서 신임을 받아 경영진에 합류한 사람으로 신조계약을 처음 하다 보니 우리로서는 쉽지 않은 상대였다. 게다가 노르웨이 선주 간에 사용되는 자신들의 표준계약서를 주장하고 나왔다. 그러는 사이 시한인 8월 15일을 넘기고 말았다.

우리가 사용하는 계약서 양식은 일본을 포함한 전 세계에서 통용되는 것으로 특정 선주의 주장만을 받아들여 다른 계약서를 사용할 수는 없었다. 조선시장 또한 이미 살아나고 있었기 때문에 우리가 양보할 이유도 없었다. 결국 합의에 실패하고 나는 오슬로를 떠났다. 그 후 에이뎀은 MOA가 아직 유효하다고 주장하며 한국 본사에 가서 타결하겠다고 나왔고, 9월에 울산을 방문하여 타협을 시도했으나 현대는 MOA가 무효라는 입장을 철회하지 않았다.

계속해서 양측의 변호사가 런던에서 타협점을 찾으려고 노력했으나 역시 무산되었다. 결국 선주는 중재로 이 문제를 해결하고자 중재인을 선정하였다. 우리 역시 중재인을 선정하지 않을 수 없었다.

두 사람의 중재인이 제3의 중재인을 선임하여 3인의 중재위원회가 구성되고 사건의 세부 검토에 들어갔다. 그것과는 별개로 그 이듬해에 시황이 크게 살아나자 선주는 새로운 건조계약으로 이 문제를 해결하고자 시도해 왔다. 하지만 양 측의 가격차이가 워낙 커서 역시 실패하고 말았다.

이후로도 중재의 당사자가 '실제선주냐 서류상에 나타난 페이퍼 컴퍼니 (Paper Company)냐' 라는 문제로 다투면서 긴 시간을 보내고 91년 정식으로 중재가 개시되었다. 선주 측이 그처럼 집요했던 것은 우선 당사자가 유능한 변호사로서 모든 쟁점이 될 사안을 미리 잘 정리해 왔다는 것을 들 수 있다. 그리고 변호사답게 막대한 소송비용의 조달을 위하여 소송비용 보상보험에 가입해 두고 있었다는 것이다. 그것이 시간이 걸리고 비용이 증가해도 좋다고 나오는 배경이 된 것이다.

그 후 94년 6월, 내가 현대종합목재 사장으로 있을 때 마지막 청문회가 1주일 예정으로 런던에서 열리게 되었고, 나는 증인 자격으로 런던을 방문하였다. MOA 체결 후 무려 8년 만에 열리는 청문회였다. 런던으로 가는 비행기 안에서 옛날 서류를 다시 읽어보고 메모를 하는 등 나름대로 준비를 했지만, 생전 처음 겪는 일이라 긴장될 수밖에 없었다.

도착해서 우리 측 변호사와 사전협의를 하고 다음날 아침에 청문회가 열리는 장소로 나갔다. 나는 법원 근처의 초라한 회색벽돌 건물 안의 협소한 복도를 지나 공장 사무실 같은 방으로 안내되었다. 눈에 띄는 장식이 없는 방이었는데 안에는 마주보는 긴 책상 위에 두꺼운 서류철이 여러 개 쌓여 있었다. 고풍스러운 영국의 법정 분위기를 상상하고 온 나에게는 의외의 분위기였다. 곧 중재인과 증인들이 하나 둘씩 들어섰다. 상대방 증인으로 온 에이뎀과 비어만도 보였다. 중재인으로 선임된 사람은 해운조선 업계에서 경험과 실력으로 명성이 있는 60세 전후의 전문가들이었다. 좌장 격인 중재위원 한 사람이 회의 목적을 설명하고 참석자들을 모두 소개했다. 분위기는 무겁고 긴장감이 흘렀다. 오전은 상견례에 이어 청문회의 진행 방법, 순서를 협의하는 것으로 쉽게 끝났다.

다음 날부터 양 측 증인들을 상대로 질의와 문답이 시작되었다. 내용은 익히 아는 것이었으나 표현과정에서 우리에게 불리해 질까 조심스럽게 답변하고 자신이 없으면 자료를 다시 보거나 변호사의 도움을 받았다. 특히 상대방이 선임한 중재위원은 고의적이라고 느껴질 만큼 굳은 표정과 알아듣기가 거북한 용어를 써가며 나를 압박했다. 나는 티타임이나 점심시간까지도 질의응답 내용을 재검토하고 우리 변호사의 도움을 받아가며 다음 단계에 대비했다. 시간이 지나면서 나름대로 요령과 자신감이 생기기 시작했다.

그렇게 며칠간의 청문회는 무사히 끝났다. 우리 변호사는 청문회가 잘 진행된 것이라며 우리가 유리할 것이라고 조심스럽게 전망했다. 우리는 최선을 다했고 청문회는 우리의 활동영역과 거래량이 확대되어 생긴 측면도 있으므로 크게 위축될 일도 아니었다.

그 해 가을 중재결과가 나왔다. 하지만 기대와는 달리 결과는 2대 1 패소였다. 이유는 현대가 선주를 울산으로 초청을 해서 협상을 계속한 행위는 MOA의 유효기간 연장에 합의한 것으로 보이는데 그 상황에서 현대가 구체적 협의 없이 일방적으로 무효를 선언한 것은 현대의 책임이라는 것이었다. 그 결과에는 세계적 대 선주가 포진해 있는 노르웨이가 당시 유럽 최대의 조선해양관련 법률서비스 시장이라는 점도 일정부분 작용했을 것이다. 배상액과 소송비용이 총 1천 7백만 불에 달하는 거액으로 척당 600만 불 인 셈이었다. 하지만 선가가 MOA 이후 속속 인상 된 것을 감안하면 현대에게는 오히려 실익이었다. 반대로 선주 입장에서는 10만 불 정도를 더 깎아 보겠다는, 그리고 노르웨이 표준계약서를 사용하자는 등 사소한 문제를 들고 나온 탓에 신조계약 타이밍을 놓쳤고 이를 수습하느라고 8년 이상의 세월을 송사로 보내고 말았다. 물론 그 사건에는 법률가 출신 경영 책임자의 자존심도 한 몫 했을 것이다.

4

그 해는 6·29선언을 계기로 민주화 열기는 전국으로 확산되고 있었다. 특히 노동 강도가 높고 근로자가 밀집된 울산 공업지역을 중심으로 소위 민주 노조를 표방한 강성노조가 수많은 사업장에서 새로이 결성되는 등 사회 전체는 극도로 혼란스러운 분위기였다. 투쟁 강도도 날로 높아가고 있었다.

현대미포조선 사장으로 치른
혹독한 신고식

1987년 노태우 민정당 대표의 '6·29 민주화 선언'이 발표되던 날, 나는 현대미포조선 사장으로 발령받았다.

그 해는 6·29선언을 계기로 민주화 열기는 전국으로 확산되고 있었다. 특히 노동 강도가 높고 근로자가 밀집된 울산 공업지역을 중심으로 소위 민주 노조를 표방한 강성노조가 수많은 사업장에서 새로이 결성되는 등 사회 전체는 극도로 혼란스러운 분위기였다. 투쟁 강도도 날로 높아가고 있었다.

현대그룹 중에서는 선박용 엔진을 주로 생산하는 현대엔진공업이 7월 5일 이미 노동조합을 설립한 상태였다. 현대엔진의 작업 여건이 울산에 있는 다른 사업장에 비해 특별히 열악한 것은 아니었지만 회사 규모도 크지 않아 조합결성이 쉽다고 판단한 모양이었다. 울산에 있는 전체 현대 계열사 경영진은 현대엔진의 노조가 결성되면서 긴장할 수밖에 없었고, 특히 2만

400여 명의 근로자를 고용한 현대중공업은 노사문제를 수습하기 위해서 총력을 기울이는 시점이었다. 어쨌거나 6·29선언과 미포조선 발령이라는 역설적인 아이러니를 나는 받아들여야만 했다.

현대미포조선에 부임한 지 열흘쯤 되었을 때, 나는 당장 두 가지의 혹독한 신고식을 치러야 했다.

그 첫 번째 시련은 한밤중에 숙소로 걸려온 전화로 시작되었다. 야간 당직부장의 급박한 목소리였다.

"사장님, 지금 태풍으로 인해 조선소 전체에 큰 피해가 발생하고 있습니다."

나는 바로 작업복을 걸치고 뛰어나갔다. 캄캄한 현장은 폭우와 강풍으로 아수라장이었다. 수리하기 위해 대기 중이던 파키스탄 국적의 선박이 태풍에 밀려 반쯤 가라앉아 있는 상태였고, 그 배 선실에서 자던 선원들이 놀라서 모두 뱃전으로 나와 구조를 기다리고 있었다. 곳곳이 물바다였는데 특히 드라이 독(Dry Dock)의 물을 채우는 지하 대형 펌프실이 침수되는 등 피해가 확산되고 있었다. 그 유명한 대형 태풍 '셀마'의 내습이었다.

먼저 침수된 배의 선원들을 긴급 대피시키고 날이 밝자마자 전 직원을 동원하여 복구 작업에 총력을 기울였다. 피해 복구는 인력과 장비를 동원하여 대처하고 소요되는 경비는 보험회사에서 받아내 처리하면 되는 문제였지만, 정말 큰 문제는 다른 곳에서 터졌다.

북새통에 전 임직원이 정신없이 움직이고 있던 그날 오후, 총무부에서 다급한 보고가 들어왔다.

"노조를 설립할 것 같습니다. 우리 직원들이 사전에 발기인 모임이 있는 곳을 알아내서 모두 강제해산 시켰고 민가로 옮겨 다시 시작하는 모임도 다행히 막았습니다."

태풍 때문에 조선소 전체가 혼비백산이 되어 있는 상황인데, 그 틈을 타 노조설립 발기인 대회를 추진하겠다고 나왔으니 신임 사장에게 두 개의 폭탄이 동시에 터진 것이다.

현대미포조선에 노조가 설립된다면 울산의 현대사업장에서 두 번째 노조가 생기게 되는 것이었다. 그렇게 되면 타 계열사로 퍼져나가는 것은 순식간이었기 때문에 그룹사 전체가 긴장할 수밖에 없는 사안이었다.

미포조선은 선박의 개조와 수리를 전문으로 하는 사업장으로 근로여건이 가장 열악했다. 소음과 먼지 그리고 악취가 나는 폐기물 속에서 수시로 철야 작업을 해야 하는 환경이었다. 게다가 전임 사장이 미국에서 고등교육을 받은 사람으로 근로자들과 인간적인 유대감을 잘 맺고 있었던 데 반해 나는 종합기획실에서 뽑아 보낸 강성 사장이라는 악의적인 뜬소문까지 현장에 퍼져 있었다.

당시 노조설립은 지역 재야단체의 적극적인 지원을 받고 있었다. 1차 발기인 대회는 겨우 무산시켰지만 그 이후에 열린 발기인 대회는 아무도 모르는 사이에 끝내고 곧 울산시청에 설립신고서를 제출할 것이라는 보고가 들어왔다.

그런데 이 와중에 노동자들을 자극하는 사건이 터지고 말았다. 당시 그룹 노사문제는 현대중공업 관리본부에서 총괄하고 있었는데, 미포조선의 노조대표가 설립신고서를 시청에 접수하는 과정에서 당사자인 우리도 모르게 신고서류를 가로채는 사건이 벌어진 것이다. 이른바 '노조 설립신고서 탈취사건'이었다. 이 사건은 전국 언론에 대대적으로 보도되었고, 긴장하고 있던 울산지역 노동자들을 더욱 자극하는 결과를 낳았다. 그리고 결국 우리 회사의 노조는 정식으로 결성되었다. 그것이 7월 20일이었다.

이를 계기로 울산의 각 사업장은 연일 시위와 농성에 휩싸이게 되었고,

현대중공업을 비롯한 전 사업장에도 노조가 속속 설립되었다. 엄청난 민주화의 물결이 만들어 낸 시대의 소산이었다.

노조가 결성되면서 당장 노사관계에 변화가 찾아왔다. 노사협의회를 통한 타협적 방식에서 노동법에 근거한 단체교섭요구가 들어왔다. 급여를 비롯한 근로조건 개선은 물론 노조 운영비용 부담 등 그 동안 요구하지 못했던 수많은 조건이 한꺼번에 봇물처럼 터져 나왔다. 그러나 당장 들어줄 수 없는 무리한 요구들이 대부분이었다.

미포조선은 2천 명 정도의 소규모 사업장이었지만, 이후 현대중공업 같은 대형 사업장 노사교섭에 미포조선의 노사협약이 선례가 될 수 있다는 이유 때문에 노사간에 쉽게 타협할 수 있는 분위기가 아니었다. 노조에서는 풍물패를 앞세워 연일 경영진을 압박해 왔다.

어느 날 3층에서 대책회의를 하고 있을 때, 건물 밖에서 시위하던 풍물패가 본관 현관으로 밀고 들어와 2층 계단까지 올라왔다. 밖에서 소동이 일어나고, 그 소란이 회의실까지 크게 들려왔다. 상황을 살피러 나갔던 담당 임원이 나갔다 급히 돌아와서는 나에게 대피하라고 권했다.

"사장님, 빨리 피하세요. 여기 계시다가 무슨 행패를 당할지 모릅니다."

회의 중인 임원들의 표정이 굳어지며 어수선해 졌다. 하지만 나는 천천히, 그리고 단호하게 말했다.

"이 사람아, 피하긴 어디로 피한다는 말인가? 우리가 무슨 죄 졌어? 모두 꼼짝 말고 그냥 여기 앉아서 회의를 계속합시다."

피할 곳도 마땅치 않았지만 피할 이유도 없었다. 괜히 도피하다 망신당하고, 사장이 도망가다 잡혔다는 이야기라도 신문에 나오게 된다면 무슨 꼴이 되느냐 싶었다. 당시에는 일부 사업장에서는 흥분한 노동자들이 사장을 드럼통 속에 넣고 굴리는 등의 난동이 적지 않았다.

그날 대치는 결국 우리가 버티는 것으로 끝났다. 그날로 나는 피우던 담배를 끊어버렸다. 담배도 못 끊는 의지로 이 사태를 어떻게 대처하느냐는 생각 때문이었다.

소요사태가 전 계열사로 확산되면서 정주영 회장이 직접 울산현장으로 내려왔다. 정 회장은 전 사무직 임직원을 체육관 강당에 모아놓고 회의를 주재했다. 그런데 밖에서 농성 중이던 노조원들이 걸어 잠근 회의장 정문을 박차고 몰려 들어왔다. 일부는 강단 위까지 올라가 구호를 외치며 소란을 부렸고 강당은 순간 아수라장으로 변했다.

정 회장이 "그럼 본관으로 가서 얘기 좀 들어보자"고 말하고 강단 아래로 내려와 본관으로 향했다. 그 순간에도 흥분한 노조원들이 정 회장을 둘러싸고 듣기 민망한 구호를 외쳐댔다. 분위기는 더욱 살벌해졌다. 사장단을 비롯한 간부진이 온 힘을 다해 회장을 에워싸려 해도 그들을 밀쳐내는 데는 역부족이었다. 그렇게 밀고 밀리는 상태로 강당을 겨우 나와 본관건물 앞까지 몰려갔다. 그런데 그때 정 회장이 시위대에 밀리면서 본관 앞 정원 소나무 아래에 주저앉게 되는 일이 벌어졌다. 그러자 일부 과격한 근로자가 정 회장을 상대로 흙을 뿌리는가 하면, 나무 위에 올라가 괴성을 지르기도 했다. 마치 상처 입은 사자를 둘러싸고 위협하는 모습이 사람들 같지가 않았다.

흥분이 다소 가라앉자 당황한 노조 간부들이 명예회장을 본관 사무실로 안내했다. 그 소동 중에 연배가 좀 있는 한 근로자가 나에게 다가와 "사장님 몸조심 하셔야 됩니다."라며 온몸으로 밀착해서 나를 보호하려고 애썼다. 그가 누군지 모르지만 나는 그때 상황이 상황이니만큼 큰 감동을 받았다.

그 후 현대중공업 노조가 결성되면서 사태는 끝을 모르고 확산되어 갔다.

현대미포조선 사장으로 있으면서 노사협력을 위해 많은 노력을 했었다. 이때 처음으로 시작한 노사교육은 정신교육의 효시 격이었다.

노조는 사업장을 완전히 장악하여 경영진들은 출근도 하지 못하고 근처 다이아몬드호텔에서 모여 대처방안을 마련하기에 바빴다.

근로자 숙소가 밀집되어 있는 주거지역도 무법천지가 되었고 관리직 임직원 가족들도 대피를 해야 할 정도였다. 울산지역 노조는 현대그룹노조협의회라는 법외단체를 결성해 그룹차원에서 노사협상을 시도하며 강경하게 나왔고, 사측도 협상을 계속하며 공장휴업 또는 직장폐쇄 등의 조치로 대응했다. 합의가 어렵게 되자 일부 강경 노조원들은 경찰의 저지선을 뚫고 울산 시내까지 진출하여 공설운동장에서 단합대회를 열어가며 세를 과시하기까지 했다.

이처럼 정부차원의 대책이 필요할 정도로 계속 혼미를 거듭하고 있었다. 우리 회사도 근로조건 개선은 물론 노사단합대회, 노사합동교육, 지역모임 활성화 등의 노력으로 근로자들을 설득해 나갔다. 그렇게 모임이 잦아지면서 과음은 불가피했고, 꼭두새벽부터 시작되는 일과로 인해 잠까지 설치는 생활이 계속되면서 체력은 점점 바닥나고 있었다. 그럴수록 나는 가능하면 뒷산을 넘어 출퇴근하면서 체력을 유지하기 위해 나름대로의 노력을 다했다.

내가 미포조선 사장으로 있으면서 계속되는 노사문제는 물론 집행부 장악을 노리는 지역 계파간의 노노 문제로도 회사는 큰 곤욕을 치렀다.

하지만 처음으로 사장을 맡은 사업장의 경영에 소홀할 수가 없었다. 마침 이듬해에 열릴 88서울올림픽을 앞두고 정부에서는 참가국가의 수를 늘리기 위하여 소련을 비롯한 비 수교 공산권 국가들의 고위층 인사를 대거 초청하고 있었다. 동구권 역시 한국의 비약적 경제발전상에 대해 관심을 갖고 많은 사람들이 한국을 방문했다. 대부분 언론사나 연구소 명함을 갖고 있었지만 사실은 정보 관련 인사인 듯했다.

초청된 인사들에게 울산지역의 산업시찰은 필수코스였다. 현대미포조선은 이 때문에 의외의 덕을 보게 되었다. 자금이 많이 들고 시간이 걸리는 신조선 건조는 어렵지만 운항 중인 선박을 수리하거나 개조하는 일은 비교적 쉽게 발주할 수가 있었다. 특히 소련의 블라디보스토크를 모항으로 조업하는 원양어선들이 그 동안 싱가포르나 일본 등지에서 수리하고 있었는데, 지리적 입지와 여건이 훨씬 유리한 미포조선을 이용함으로써 시간과 비용을 훨씬 절약할 수 있었기 때문이었다. 아울러 그들의 정부 차원에서 한국의 조선업 실태와 해안시설 등을 파악하고 평가하는 정보 수집 차원이기도 했을 것이다.

어쨌거나 우리는 소련, 폴란드 등 동구권 공산국가로부터 원양어선을 수리하거나 개조하는 일감을 수주할 수 있었다. 이는 후에 소련을 비롯한 동구권과의 외교관계를 수립해 나가는 동시에 동구권과의 교역을 증대시키는 중요한 계기가 되었다. 오늘날 러시아, 중국, 월남, 동구권 국가들과의 교역과 투자가 크게 증대한 것은 88서울올림픽의 성공적 개최가 중요한 시발점이 되었다는 것을 누구도 부인할 수는 없을 것이다.

사장단 해외 순방길에(뉴욕의 아스토리아 호텔)

통영만의 해상철수 대작전

88서울올림픽을 앞두고 현대종합상사 사장으로 발령을 받아 나는 다시 서울로 올라왔다. 당시 현대종합상사가 인도에서 수주한 소형선을 소규모 조선소에 하청을 주고 있었는데, 그 조선소가 부도나면서 사장이 사의를 표하는 등 복잡한 문제가 얽혀 있는 상황이었다.

종합상사 사장 발령을 받고 나는 먼저 인사차 명예 회장실에 들어갔다. 그 자리에서 명예회장은 언제나 처럼 간결한 지시를 내렸다.

"엉성하게들 처리해서 일을 냈어. 잘 처리해 봐!"

1983년부터 현대중공업이 신조선박 영업을 주도하면서 종합상사는 소형선, 특수선, 함정의 수주와 중고선 거래로 전문화해 가고 있었다. 그러던 중 인도 항만청으로부터 소형 작업선 10척을 수주했다. 새로 건설 중인 봄베이 외항의 하역설비설치를 포함한 부두건설 공사를 수행한 것이 계기가 되어 수주한 것이다. 선박은 충무에 소재한 소형 조선소에 발주하여 건조하고 있었는데, 그 조선소가 부도를 낸 것이다. 곧 임금과 납품대금을 못 받은 사람들이 건조 중이던 배와 기자재를 점거하고 농성을 하는 사태로 발전했다. 선주 측은 물론 현대 역시 큰 문제였다. 납기를 지키지 못하면 인도에서 진행 중인 현대중공업의 선박 및 해양설비 영업에도 타격을 줄 수 있기 때문이었다. 당시는 인도와 수 억 달러의 거래가 있을 때로 소형선박도 제대로 인도 못한다는 부정적인 이미지를 심어줄 수 있는 문제였다. 전임 사장은 이 같은 문제를 책임지는 차원에서 사표를 낸 것이다.

9월 말에 부임한 나는 현지사정을 파악하기위해 10월 1일 국군의 날 공휴일에 충무의 조선소로 내려갔다. 어떻든 수습을 해야 했다. 나는 일단 짓다 만 배와 기자재를 몽땅 울산으로 가져와서 건조를 마칠 수밖에 없다고 판단했다. 하지만 점거 중인 선체와 기자재를 어떻게 실어내느냐가 문제였다. 제작물의 크기와 전체적 물량으로 보아 대형 트럭으로는 불가능해 보였다. 게다가 채권자나 근로자가 그것을 그대로 지켜볼 리 없었다.

궁리 끝에 해답을 찾아냈다. 현대중공업이 보유한 대형 해상크레인을 이용하는 운송방법이었다. 주말을 기해 철수계획을 실행에 옮겼다. 울산을 출발한 해상크레인이 부산과 마산 앞바다를 거쳐 150여 킬로미터의 뱃길로 충무 앞바다에 도착했다. 어두워질 때까지 섬 뒤편에 대기하다 어둠이 들자 조선소 해안으로 다가가 배를 하나하나 집어 올려 크레인 선체의 갑판에 실었다. 600톤 급의 거대한 크레인이 마치 먹이를 주워 먹듯 소형 선박 10대를 모두 쉽게 처리했다. 엔진 등 선박건조에 필요한 기자재도 모두 실었다. 대형크레인선과는 별도로 트럭 20여 대를 동원해 잔여 물자를 모두 실어 내왔다. 담당임원이 현장에서 마치 군사작전 하듯 철수임무를 무사히 끝냈다.

울산 현대중공업으로 실어 온 선체와 기자재로 당장 건조가 시작되었다. 그러나 현대중공업의 모든 인원과 장비, 기술이 대형선박 건조에 맞춰져 있었기 때문에 얇은 철판으로 된 소형선 작업이 쉽지 않았다. 하지만 무슨 수를 써서라도 작업은 진행되어야 했고, 그렇게 대형선박 작업의 틈바구니에서 일단 작업을 마무리하고, 납기일 때문에 서둘러 봄베이행 선박에 실었다. 납기에 쫓기다 보니 배의 건조는 엉성했고 꼭 필요한 테스트도 하지 않은 채로 화물선에 실어냈다. 대신 기술자를 운항선박에 태워, 항해기간 중 바다 한 복판에서 마무리 손질을 계속했다.

사실 인도 항만청과의 계약조건을 제대로 이행하자면 그렇게 할 수밖에 없었다. 일반적으로는 조선소에서 배를 지어 시운전을 끝내고 합격증을 받아 인도하는 것이 정상인데 반해 이 계약은 현대의 책임과 비용으로 배를 인도까지 운송해서 통관한 다음 시운전을 해서 넘겨주는 특별한 조건이었던 것이다.

그 과정 하나하나가 모두 고생스럽고 비용과 시간이 많이 소요되는 프로젝트였다.

큰 손해까지 남긴 프로젝트를 수습하는 일이 나의 현대종합상사 복귀 무대가 되었던 셈이다. 여하튼 회사의 사장과 담당임원이 사퇴할 정도로 큰 골치 덩어리였던 문제 하나를 해결함으로써 인도 정부 산하기관과의 거래 확대를 저해하는 걸림돌은 제거할 수 있었다.

포니 자동차의 동구권 첫 진출

88서울올림픽을 계기로 공산권과의 교역 분위기가 빠르게 무르익고 있었지만 현대종합상사의 해외 지사는 미국 및 일본에 편중되어 있었다. 이는 현대그룹이 무역거래에 있어서 고질적인 대일역조의 주역이라는 오명을 벗어내기 위한 선택이었다. 실제로 정주영 회장은 국가 무역수지 개선을 위해 일본을 비롯한 미국시장의 공격적인 개척을 지시했다. 그 목표 달성을 위해 해외지사를 대폭 확장하도록 한 것이다. 하지만 현실적 상황은 그다지 긍정적이지 못했다. 일본의 종합상사가 이미 지방의 군소업체까지 침투하여 그룹별로 계열화 해놓은 터여서 우리가 파고들어 거래처를 직접 개척할 수 있는 여지는 별로 없었기 때문이다. 미국 역시 대부분의 물자를 자급자족할 수 있고 수입의 경우 전문 구매회사가 직접 생산자와 거래하고 있었기 때문에 시장개척이 쉽지 않았다. 그러다 보니 대도시 일부를 제외하고는 이렇다할 성과를 내기 어려웠다.

　나는 이런 구조를 극복할 수 있는 대안으로 애틀랜타, 덴버, 알래스카, 피츠버그, 삿포로, 다카마쓰, 센다이 등 지사를 정리하고 북경, 상해, 대련, 모스크바, 블라디보스토크, 부다페스트, 호치민, 자그레브, 홍콩 등 공산권 주요 도시에 지사를 개설하거나 보강했다. 신 시장 개척으로 전환을 꾀하자는 것이었다. 인원 또한 신 시장에 우선적으로 배치하면서 책임자의 직위도 임원급으로 격상시키는 조치를 단행했다. 이어서 상사의 기능과 역할도 다양화했다. 수출일변도에서 일본의 종합상사처럼 원부자재의 수입기능과 해외투자를 활성화하여 자체 수익기반을 확대하고자 한 것이다. 또한 현지법인으로 전환된 상사의 여러 해외 사업소를 이용해 국외 금융기관의 여신을 받아서 현대 계열사는 물론 거래선에서 필요로 하는 외화자금을 조달토록 했다. 아울러 수출입과 금융기능을 이용한 복합거래와 3국 거래를 독려했다. 종합상사의 대대적인 변신 시도였다. 그렇게 하지 않고는 종합상사의 계열사 의존도가 높아지면서 자생(自生)의 기반을 마련할 수 없다는 판단이 들었기 때문이다.

그때 추진한 사업 중 자동차의 동구권 시장진출을 꼽을 수 있다.

현대자동차는 당시 미주시장 일변도로 직접 구축한 판매망을 통해서 차를 판매를 하고 있었다. 현대종합상사 전임 박영욱 사장이 상사의 금융기능을 이용해서 연불수출을 촉진하고자 했지만 현대자동차 경영진은 종합상사의 개입에 거부반응을 보이고 있었다. 현대자동차로서는 국내 판매권이 현대정공, 현대자동차서비스 쪽으로 넘어간 상황에서 해외 판매망까지 흔들릴 수 있다는 우려가 작용했기 때문이었을 것이다.

그때 마침 주력시장인 미국에 자동차 수출이 어려워지고, 반면에 우리는 공산권에 새로 형성된 큰 시장에 지사망을 크게 확충해 놓고 있었다. 그런 상황에서 취임 얼마 후 정세영 그룹 회장을 찾아갔다.

"회장님, 자동차 수출을 우리 종합상사도 해야 하지 않겠습니까?"

나는 단도직입적으로 물었다.

"종합상사가 무슨 능력이 있다고 그 어려운 자동차 수출을 하겠다는 거야?"

"어려운 것은 알지만 기회를 주고, 그 결과로 판단해도 되지 않을까요? 우리의 막강한 해외 지점망을 이용하면 반드시 성과가 있을 것입니다."

정세영 회장은 썩 내키지 않는 표정이었다. 그러나 특별히 거부할 명분도 없었다.

정 회장이 마지못해 물었다.

"그렇다면 어느 시장을 해보겠다는 거야?"

나는 이미 준비해 놓은 대답을 내놓았다.

"현대자동차에서 들어가 있지 않은 동구라파와 아프리카, 중동입니다."

"그렇다면 동구라파를 한번 뚫어 보시오."

그렇게 내락을 받은 나는 바로 자동차팀 보강에 들어갔다. 우선 종합상사에서 현대자동차로 전출되어 해외영업을 하다 복귀한 홍목선 상무와 의논하고 동유럽의 자동차 시장조사를 위해 출장을 보냈다. 이후 홍 상무의 귀국 보고에서 건의한 의견을 참고하여, 일단 자동차를 현지의 보세지역에 가져다 놓고 판매하여 대금을 회수하는 위탁판매계약(Consignment) 방식을 도입하면 승산이 있다는 판단이 섰다.

이 방법은 현물이 귀하고 자동차 소유에 대한 집념이 각별한 동구권 사람들로 하여금 물건을 직접 보고 취향에 따라 색상과 차종을 선택할 수 있도록 한다는 장점이 있었다.

첫 시장은 서구 시장경제 체제를 가장 먼저 받아들인 유고슬라비아였다. 많은 유고 사람들이 미국 등 해외에 이민으로 나가있어 경제적으로 여유 있는 사람이 많다는 시장조사 결과에 따른 결론이었다. 우리는 프랑크푸르트 현지법인으로 하여금 현지 은행의 신용여신을 받아 그곳 자동차 수입회사와 연불수출계약을 체결하고 첫 주문량을 실어 보냈다. 현대자동차에는 신용장 거래로 현금결제를 해 주었다.

우리는 자동차를 부두에 있는 보세구역에 전시해 놓고 고객들로 하여금 직접 현물을 보고 골라 사도록 했다. 재고관리와 수금업무를 위해 김영철 부장을 파견했다. 그것이 현대자동차의 첫 동구권 진출이었다.

자동차는 미국에서 잘 팔리고 있는 포니(국내모델 엑셀)였다. 동구권에서는 그 동안 몇 가지 차종의 승용차가 팔리고 있었지만 품질이 조악한 것은 물론 돈을 미리 내고도 한참 기다려야 하고 원하는 모델이나 색상을 선택할 수도 없었다. 그렇게 수십 년을 살아온 사람들 앞에 놀라운 일이 벌어진 것이다. 수백 대의 차가, 그것도 산뜻한 디자인에 다양한 색상으로 나타나 마음대로 골라잡을 수 있었으니 말이다. 예상을 깨고 차는 순식간에 팔려나갔다. 얼마나 인기가 있었던지 미주지역 수출재고를 유고로 돌릴 정도였다. 그래도 2~3개월 이상을 기다려야 하는 품귀 사태가 벌어졌다. 당초 수입상과의 계약은 배가 도착하고 난 후 1년 안에 결제하기로 되어 있었지만, 차를 모두 팔고 나니 3개월 만에 돈을 받아 가라는 연락이 왔다. 새로운 방법으로 공략한 동구권 수출이 성공을 거둔 것이다.

유고슬라비아에서의 성공을 발판으로 인근 헝가리, 폴란드, 불가리아, 체코는 물론 소련 전체로 자동차 수출시장을 넓혀갈 수 있었다. 품목도 승용차 일변도에서 상용차, 특수차로 차종을 확대하고 수리(A/S) 및 조립용(CKD) 자동차 부품 그리고 중고차 수출 길도 열렸다. 미주 시장에 치중한 현대자동차가 미처 진출하지 못한 동구권 시장을 현대종합상사가 앞장서서 개척하여 성공을 일군 것이다. 그러한 연불수출에 필요한 자금은 주로 우리 프랑크푸르트 법인에서 조달했다. 상사는 현지법인이 확보한 금융을 이용하여 외상판매(D/A) 및 재고판매(Stock Sale) 방식으로 중남미와 아프리카 시장에도 진출했다.

외상거래의 규모와 지역을 급히 넓히다 보니 시행착오도 적지 않았지만 자동차는 종합상사의 주요 수출 품목으로 자리를 잡게 되었다. 그리고 우리가 판매한 자동차는 동구 여러 나라의 도로 위를 달리면서 한국의 기술수준과 현대그룹의 국제적 인지도를 높이는데 큰 역할을 했다.

한국 최초의 해외공업단지 조성사업

나는 취임 초 사업개발실을 신설하고 종합상사로서의 독자적 수익기반을 찾아 새로운 영역을 모색하고 있었다. 그러던 1989년 늦은 봄 어느 날, 사장실로 인도네시아 Guning Cermaii 사의 사주(社主)가 찾아왔다. 인도네시아의 투자청장과 대사관 직원을 대동하고 온 그는 자카르타 교외에 자신들이 확보하고 있는 땅 약 60만 평을 활용하여 공단을 같이 했으면 좋겠다는 제안을 해왔다. 그들은 제약사업으로 성공한 화교출신 사업가였는데, 동행한 투자청장은 공단사업의 수익성 전망과 정부의 지원정책을 설명하며 적극적으로 고려해 볼 것을 요청했다.

공단 후보지역은 자카르타 시내에서 동남방향으로 약 40킬로미터 떨어진 고속도로변으로, 근처에 이미 일본과 대만이 공단개발사업을 하고 있었다. 그런데 두 회사 모두 문제가 있었다. 일본회사가 추진하는 공단은 인도네시아의 여러 기업체와 공동으로 개발을 추진 중인데 의사결정 과정에서 이견이 속출하여 진전이 잘 되지 않고 있었고, 대만 업체가 추진하는 공단은 작업속도가 너무 느리고 입주자 모집능력도 미흡하다는 것이었다. 그런 이유로 그들은 현대를 선택한 것이다. 아울러 현대와 단독으로 추진하면 건설공사도 일사천리로 진행될 것이고 그룹 계열사와 산하 협력회사가 많으니 입주자 모집에도 훨씬 유리하리라고 판단했던 것이다.

공단에 대한 타당성 조사는 이미 일본의 대외협력기금을 이용해 일본의 전문기관이 해놓은 상태였다. 그들이 보여준 영문 보고서에서는 공단의 건설 및 분양이 경제성 있는 사업이라는 결론을 맺고 있었다. 그쯤이면 일견 검토해 볼 가치가 있을 것 같았다. 다만 부지는 아직 법적으로 확보하지 못한 상태였다. 인도네시아에 있는 대부분의 소규모 농지는 소유권 등기가 되어 있지 않다고 했다. 그래서 일단 농민들에게 시가보다 넉넉한 가격을 지불하고 양도증서를 만들어 이를 정부기관에 제출하면 등기를 받아 소유권을 확보할 수 있다는 것이었다. 소요되는 토지의 매입계약을 계속 진행하는 데 필요한 자금 확보를 위해서도 그들은 현대와의 공동개발이 반드시 필요한 상황이었다.

개발대상 토지 약 60만 평에 투자 규모 750만 달러, 비율은 우리가 알아서 하라는 것이 그의 제안이었다. 우리로서는 무엇보다 땅이 있었기 때문에 담보권만 확보하면 별 리스크는 없을 것이라는 판단이 들었다. 농지를 밀어 공단을 만드는 일은 토목 경험이 풍부한 현대로서는 어려운 일이 아니었다.

현장답사와 사업개발실의 검토 결과 투자할 가치가 있는 수익사업이라는 결론이 났다. 하지만 처음 시도하는 해외 공단사업이었고 그룹의 분위기가 해외 부동산의 취득에 늘 부정적이었기 때문에 명예회장의 결재가 필수적이었다. 한국의 경제가 급성장하고 국토개발계획을 쉽게 접할 수 있는 현대로서는 돈이 있으면 국내에 있는 토지에 투자하는 것이 훨씬 유리하고 위험도 적다는 지론을 갖고 있었고 정부도 재벌회사가 해외부동산을 취득하는 것을 달가워하지 않았다.

결재를 하는 자리에서 명예회장이 말했다.

"손해날 게 없는 장사로군!"

토지거래에 경험이 풍부한 명예회장의 분석이었다. 일본 용역회사의 긍정적인 보고서도 도움이 된 듯싶었다.

우리가 합작회사의 지분 55퍼센트를 갖고 시작한 이 베카시공단 사업의 총 소요 예산은 공단조성비 1,400만 달러 포함 2,800만 달러였다. 그 해 11월 합작회사(PT Hyundai International Development)를 설립하고 한국정부의 사업승인을 받아 출자금을 불입할 수 있었다. 출자금은 매입하여 등기한 토지의 소유권이 합작회사에 넘어올 때마다 이를 확인한 다음 지분비율에 따라 몇 차례 나누어 인도네시아로 송금했다. 자본금을 제외한 소요 공사 자금 등은 등기가 완료된 토지를 담보로 현지금융을 이용했다.

내부 결재가 난 시점부터 곧바로 토목공사계획이 수립되었고, 현대건설 출신 기술자 두 명이 현지로 파견되었다. 대지 조성공사는 일부 경사를 그대로 살리는 방법으로 공사비도 100여만 달러 절감하고 전체 공사기간도 단축하면서 전체적으로 순조롭게 진행되었다.

준공을 앞두고 조경, 도로, 관리사무소 등 공공용지를 뺀 42만 평의 분양을 시작했다. 큰 기대를 했던 것은 아니지만 초기 분양은 그다지 원만치 않았다. 현지에 진출한 한국(두산산업) 및 대만 회사 그리고 현대 계열사에 어느 정도 분양을 했으나 이미 중국이 개혁개방을 선포하면서 인도네시아 및 대만 등의 동남아 화교들의 관심이 중국 쪽으로 쏠리면서 큰 관심을 받지 못한 것도 원인의 하나였다.

이후 폐수처리장과 관리동 건물을 포함한 공단이 완공되고 점진적으로 분양이 이루어지면서 우리는 투자분을 모두 회수할 수 있었다. 현대는 베카시공단 및 입주업체의 시설관리를 위한 법인(HISCO)을 설립 운영함으로써 지금까지도 관리수입을 올리고 있다. 일부 미분양 부지는 시간이 지나면서 공단의 토지 가격이 꾸준히 상승하여 수익성을 개선시켜 주었다.

이 베카시공단개발사업은 한국 최초의 해외 공단개발사업으로서 이후 타지역 공단개발사업에도 많은 참고가 되었다. 수출입 전문 회사인 종합상사가 금융, 건설공사, 분양, 운영 등 복합적인 요소를 가진 새로운 사업을 나름대로 성공시킨 것이다. 하지만 여기서 얻은 귀중한 경험을 이용할 수 있는 후속사업이 이어지지 못한 것은 큰 아쉬움이었다.

동토의 땅, 소련 진출

88서울올림픽을 계기로 대한민국의 국제적 인지도는 급격히 높아졌다. 특히 소련의 개방정책(페레스트로이카)으로 동유럽 여러 나라와의 교류 가능성은 그 어느 때보다 높아졌다. 당연히 노태우 정권의 핵심 국정과제 중에 하나로 북방정책이 채택되었다. 그리고 그 정책을 실천적으로 구현함에 있어서 기업인의 역할이 결정적이었다.

노태우 정권 초기, 정주영 회장과 노 정권과의 관계는 껄끄러웠다. 노 정권의 참모진들이 비교적 상대하기 쉬운 2세대 기업인과의 관계를 더 선호했기 때문이다. 정주영 명예회장이 전국경제인연합회 회장직에서 물러나야 했던 것도 그런 분위기에서 기인한 것이었다.

당시 서울올림픽 직후 동구권 국가인 헝가리와 전격적인 외교관계수립에 성공한 정부는 소련, 중국과의 수교에 적극적으로 나섰다. 그러나 공산권과의 교역과 투자에 있어서는 현대그룹이 한발 앞서가고 있었다. 그 동안 동구권의 정·관계 그리고 언론 및 경제계의 고위 인사들이 울산의 현대 사업장을 방문했던 터라 현대와의 경제협력에 매우 적극적이고 우호적이었다. 이러한 분위기에 힘입은 현대는 정주영 명예회장이 앞장서 그룹차원에서 북방진출에 박차를 가하며 밀고 나갔다.

북방진출의 실무는 현대종합상사가 전면에 나서서 추진해 나갔다. 특히 1989년 냉전시대의 유물인 베를린 장벽이 무너지는 등 공산권 여러 국가의 개방화가 진전되는데 힘입어 현대는 소련, 중국, 동구 등 신 시장 개척에 자원을 집중 투입했다. 이 기간 중 구 공산권에 신설한 지사는 모두 10 여 개소(모스크바, 블라디보스토크, 북경, 상해, 대련, 호치민, 바르샤바, 아루스, 부다페스트, 자그레브)나 되었다. 아울러 무역역조 개선을 목적으로 폭넓게 신설된 지사 중 성과와 전망이 미흡한 19개소(미국 9, 일본·아시아 8, 기타 2)를 폐쇄 조치했다. 모두 신 시장을 겨냥한 선택과 집중 차원의 개편이었다.

소련의 국영 해운회사(Sovcomflot)와 4만 1,400톤 급 살물선(Bulk Carrier) 6척을 계약한 것도 그때였다. 노르웨이 해운회사가 소련 해운회사와 소련행 화물의 장기 운송계약을 체결하고, 그 계약을 담보로 노르웨이은행의 금융지원을 받아 현대에 발주하는, 복잡한 과정을 거쳐야 했지만 선가와 계약조건은 좋았다. 이 계약은 소련과의 첫 선박 수주계약이었으며 또한 본격적인 소련진출의 신호탄이었다.

1989년 1월, 소련 상공회의소 소장의 초청으로 소련 방문을 마치고 귀국한 정주영 명예회장이 한·소 민간경제협력위원회 발족을 주도하면서 현대는 소련과의 경제협력 증진에 앞장섰다. 그리고 그 해 8월 모스크바와 극동지역 나호드카에 국내 최초로 지점을 설치하기에 이르렀다. 나호드카는 당시 블라디보스토크가 군사지역으로 대외개방이 되지 않아 선택한 곳으로 인근의 소규모 항구도시였다.

일단 소련에서 심각하게 부족한 생활필수품의 수출부터 시작했다. 아울러 현대의 적극적인 진출의지를 표명하는 차원에서 극동지역에 공장건설과 자원개발사업에 대한 투자 및 합작사업 기회를 활발히 모색했다. 외화부족에 시달리는 소련과의 교역량을 확대하는 효과도 있는 방안이었다. 당장 현대전자의 PC조립공장, 소금광산 개발, 석탄개발, 선박수리 등 구체적인 방안까지 제시되었다. 첫 사업으로 손쉬운 비누공장 건설이 추진되었다. 수산물이 풍부한 곳으로 어육의 기름을 활용할 수 있다는 점에서 나온 아이디어였다. 게다가 소규모 투자였고 생필품이기 때문에 위험성도 크지 않은 사업이었다. 곧바로 공장경험이 있는 간부급을 채용하고 정주영 명예회장의 지시로 A사와 공동 진출을 추진하기 위해 접촉을 시작했다. 하지만 이 사업은 여러가지 이유로 구체적인 시작도 해보지 못한 상태에서 접고 말았다.

그 후 좀더 큰 사업을 구상하던 중 극동지역의 풍부한 산림자원으로 관심이 모아졌다. 특히 우리나라가 소요 원목의 80퍼센트 이상을 수입에 의존하고 있었고, 원목개발사업을 하려면 임도와 부두건설 등 토목공사가 필수적이라는 점, 그리고 이미 목재가공품 및 가구 제조사업과 건설장비 제조사업도 운영하고 있었다는 점이 고려되었다.

내부 검토 후 결국 산림개발로 사업방향을 정하고 바로 소련 당국과 협의를 시작했다. 합작사업을 하자는 것이었다. 합작사업 쪽으로 선회한 배경에는 6개월 전 소련에서 수주한 살물선 6척이 배경이 되었다. 신조선 프로젝트의 수익성이 매우 좋았기 때문에 소련에 큰 규모의 사업을 추진할 수 있는 여유가 있었던 것이다. 물론 소련과의 관계를 개선함으로써 북한을 압박하고 중국을 자극해서 남북관계 개선에 기선을 잡겠다는 정부의 의지도 고려되었을 것이다. 뿐만 아니라 이 같은 북방정책은 연해주에서의 일본의 영향력을 견제하면서 극동지역에서의 한국의 입지를 강화시켜줄 것이라는 기대도 가져볼 만 했다. 무엇보다 소련진출을 주도한다는 것은 노태우 정부의 북방정책에 적극 호응하는 것이었기 때문에 정 명예회장으로서는 실리와 명분이 충분했다. 그러나 한편으로는 양국간 정식 외교관계도 없고 투자보장에 대한 협정도 없는 마당에 추진하는 모험적 사업임에 틀림없었다. 정 명예회장의 통 큰 차원의 결단이 없이는 도저히 생각할 수 없는 도전이었다.

1989년 말, 산림개발로 사업방향이 결정되자 3개월 전에 이미 개설된 모스크바 지점(지사장 한동수 이사, 현대종합상사 전무 역임)을 통해 소련 중앙정부를 상대로 원목개발 허가를 받기 위해 로비에 나섰다. 한편 나호드카 지사장(이강일 부장, 현대종합상사 상무 역임)은 연해주 지방산림청에 사업신청서를 접수했다. 그렇게 양면작전을 펼친 끝에 1990년 9월 마침내 사업허가를 받아냈다.

벌목허가를 받은 지역은 스베틀라야의 30억 평으로 블라디보스토크에서 북동쪽으로 헬리콥터를 타고 3시간 이상 가야 하는 곳이었다. 그곳은 사실상 버려진 동토의 땅으로, 해안가에는 낡고 초라한 범법자의 유형지 마을이 있었다. 항만시설은 전무했고 동토의 땅이라서 입목 상태도 기대에 미치지 못했다. 산림 상태가 좋고 접근이 용이한 지역은 이미 소련 산림업자들이 모두 차지하고 있었다. 소련 입장에서는 우리가 아주 적극적으로 나왔기 때문에 시험 삼아 경제성이 거의 없는 지역을 준 것이다. 그럼에도 불구하고 정 명예회장은 앞장서서 밀어붙였다. 현대의 강한 개발의지를 소련 당국과 국내외에 표방하는 효과를 기대할 수 있었고, 일단 시작하면 나중에라도 좋은 임지가 나타날 것이라고 믿었기 때문이다. 접근성 문제는 임지 입구 해안가에 대형 바지가 접안할 수 있는 부두를 건설하면 해결할 수 있다고 보았고, 벌목 작업 요원은 주로 중국에 사는 조선족을 쓰기로 했다.

　이후 실무진의 현장답사와 전문 기술자와의 협의과정에서 사업규모는 최초 계획단계 때보다 대폭 커졌다. 투입되는 인원, 장비 및 시설투자 등의 투자금액을 감안하여 경제성이 있는 규모로 크게 추진해야 한다는 정 명예회장의 판단에 따른 것이었다. 당시 이 개발계획은 전 세계 언론에 알려지면서 관련업계는 물론 주변국가의 지정학적 차원에서도 큰 관심을 끌었다.

　투자소요금액은 약 3천 2백만 달러, 현대와 소련 산림청이 50 대 50으로 투자하여 합작회사를 만들었다. 하지만 소련은 별도로 투자자금을 불입하지는 않았다. 임지제공이라는 현물출자로 투자를 대신한 셈이다.

생산 목표는 연 100만 톤. 현대 측의 이명박 회장, 소련 측의 산림조합 대표 등이 이사로 포함되었다. 이 산림개발사업이 구체적으로 진척됨에 따라 현대의 모스크바 지점이 1990년 3월 한국 상사 최초로 허가되는 효과가 가시적으로 나타났다. 이를 계기로 현대는 정주영 명예회장 주최로 모스크바에서 각계 인사를 대거 초청하여 성대한 개소식 만찬을 개최함으로써 현대의 성공적인 북방 진출을 국내외에 알렸다. 뿐만 아니라 소련의 대외관계를 주도하는 고위층도 서울에 초청하여 세미나와 산업시찰로 후대하는 등의 비용과 노력을 아끼지 않았다. 이처럼 여러 통로로 다각적인 노력을 기울인 결과, 1990년 11월 드디어 정 회장과 고르바초프 서기장과의 단독면담이 이루어졌고 이 역사적 만남은 바로 다음

민간기업 현대가 한국 최초로 고르바초프와 마주앉게 된 것은 상징적인 의미가 컸다.

달, 노태우 대통령의 소련공식 방문의 성과로 이어졌다. 현대가 앞장 선 북방진출의 성과가 마침내 빛나는 결실을 보게 된 것이다. 반면 이 같은 정치외교상 성과의 바탕이 된 산림개발사업은 예상과는 달리 지지부진하기만 했다.

1990년 8월에 소련에서의 개발사업을 전담할 현대자원개발주식회사(대표 정정일 현대종합상사 부사장)를 설립하고, 이 회사를 중심으로 산림개발사업에 필요한 모든 절차와 준비를 끝냈다. 그리고 10월부터 본격적인 생산에 들어갔다. 하지만 작업조건은 열악하기만 했다. 연간 100만 톤을 수작업으로 생산하는 것은 아무리 많은 인력을 투입해도 사실상 불가능한 일이어서 벌목 전용장비를 긴급 수입하여 투입하기까지 했다. 또 조선족을 대규모로 채용하고 현지에 공동 숙소와 부대시설도 초고속으로 건설했다.

나는 실상을 파악하기 위해 낡은 군용 비행기를 타고 현지를 두 번에 거쳐 방문했다. 당장 입목 상태, 작업조건, 근로자 사기 등 많은 문제점이 눈에 띄었다. 대안으로 더 좋은 임지를 받아내기 위해 노력했지만 개방화 정책으로 중앙정부의 힘이 미치지 못하면서 그마저 쉽지 않았다. 그렇게 시간이 지나면서 고급장비들의 가동률은 현저하게 떨어지고 있었다. 작업인력들이 고급장비를 사용한 경험이 없어 고장이 잦은데다 고장난 장비를 바로 수리할 수 있는 부품 및 기능 인력도 부족한 탓이었다. 이런 상황에서도 현지와 울산에 전용부두를 건설하고, 조선소에서 바지선을 특별 제작하여 투입하는 등 추가투자는 계속되고 있었다.

소련의 소경목 벌목은 사업성을 담보해내기 어려울 수밖에 없었다.

1990년 7월, 소련산 원목(주로 가문비나무)의 첫 선적분 1만 2천 톤이 울산항에 도착했다. 원목상태는 우려했던 대로 소경목(직경 18센티미터 미만)이 대부분이었다. 사업성보다는 경제외적 필요에서 시작한 사업이기는 했지만 사업전망이 우려되는 것은 분명했다. 추가로 고려 중이던 대규모 펄프 및 제재시설 등의 건설은 보류할 수밖에 없었다. 결국 년산 100만 톤이 목표였던 원목생산은 첫해 생산 10만 톤에 그치고 말았다. 그것은 앞으로도 현재의 임지에서는 수익전망이 뒷받침 되지 않는다는 것을 뜻했고, 이는 합작회사 운영에도 차질을 가져왔다. 결국 사업권을 포함한 모든 자산을 소련 측(연해주산림조합)에 양도하고 사업을 접을 수밖에 없었다.

여기서 들여온 원목들은 내가 1991년 초 현대종합목재 사장으로 발령 받으면서 다시 인연을 맺게 되었다. 원목의 활용 및 판매 등에 대한 숙제의 상당부분을 종합목재가 떠안게 된 것이다. 당시 소련에서 들여온 목재를 활용하는 문제를 놓고 의견이 분분했다. "원목가구를 만들자." "제3국에 판매하자." "합판공장을 만들자." 등의 의견들이었다. 결국 대량 소비를 위해서는 합판공장건설이 적합하다는 결론에 도달하면서 시장 및 시설 조사까지 마쳤다. 그때까지는 국내산 합판이 고가의 남양재(hardwood)만을 사용하고 있었는데 미국에서는 인공으로 조림된 소나무 계통의 북양재(softwood)만 이용한다는 점에 착안하여 두 가지 종류의 목재를 혼용하는 합판(콤비합판)을 생산하는 공장을 건설했다. 이 콤비합판은 가격이 저렴하고 가볍다는 장점 때문에 사용이 일반화 되었고 국내 다른 합판회사들도 모두 생산시설을 콤비합판 제조라인으로 전환했다.

공장은 울산 미포조선 옆 매립지로 결정되었다. 공장은 경제성을 감안하여 대규모로 건설했으나 소련원목의 조달이 불안정해지고 공장입지도 좋지 않아 얼마 후에 신조선 사업을 시작하여 시설확대가 필요해진 미포조선에 건물을 양도하고 생산시설은 국내외에 매각처분하고 말았다. 사실상 실패로 결말을 맺은 것이다.

물론 산림개발사업으로 인한 외적 성과는 컸다. 한국의 역사적인 연해주 진출, 소련의 태평양 연안 항만도시 블라디보스토크 상륙이 그것이다. 또 이 사업을 통해 현대는 국제적인 지명도를 다시 한번 높였고, 현대가 갖가지 열악한 난관을 극복하고 거액을 투자하고 원목을 생산해 냈다는 것에 대해 소련정부로부터 그 열정과 진정성을 인정받은 점 역시 큰 소득이었다. 고르바초프 면담을 계기로 양국간 경제교류 및 나아가 국교 개설에 현대가 결정적인 역할을 한 점 또한 큰 성과라 하겠다. 정 명예회장은 정부차원에서 전력을 다해 추진하던 숙원사업을 사업가인 본인이 단기간 내에 처리해 냈다는 자부심을 갖게 되었고 노태우 정권에게도 자신의 건재함을 확실하게 보여주었다. 이렇듯 88서울올림픽 유치성공으로 입증된 저력과 북방정책을 실현하는데 견인차 역할을 해냈다는 자신감은 정 명예회장이 이후 대통령선거 출마에 관심을 갖게 되는 것과 무관치 않았을 것이다.

❶ 현대의 금강산 개발을 위해 현지 사전답사를 했었다.
❷ 90년 현대종합상사 재직시절 중국 대외협력위원장 일)과 면담 후 찍은 사진으로 이때부터 본격적으로 중국과의 관계개선이 시작되었다.
❸ 필리핀 탄유그룹 측에서 사업 협력 모색을 위해 방한했을 때.
❹ 탄유그룹 초정으로 필리핀을 방문하여 환담을 나누고 있다.
❺ 나는 현대종합상사 사장 자격으로 한·호 경제협력위원회 및 한·터키 경제협력위원회 한국 측 대표를 맡았다.
❻ 터키에 강판가공공장 설립을 위한 조인식을 마치고.(후에 현대자동차 공장의 합작 파트너가 되었다.)

현대종합목재의 개선

국내 가구시장에서는 성장에 한계가 있다고 판단한 현대종합목재(현재의 '리바트')는 1979년 미국의 가정용 가구시장으로 눈을 돌렸다. 정 명예회장과 친분이 있는 모 인사가 대만의 예를 들며 미국의 가구시장 진출로 수억 달러의 수출이 가능하다는 언질을 한 것이 계기였다.

우선 LA에 현대퍼니처인더스트리(HFI)라는 현지법인을 설립하고 조립공장과 대형 창고를 확보했다. 그리고 LA에서 전 미국시장에 제품을 공급하는 것은 한계가 있다고 판단해서 달라스(Dallas)에도 조립공장과 창고를 확보했다. 이어서 동부지역 진출을 위해 미국 가구산업의 중심지인 노스캐롤라이나 하이포인트(High Point)에도 공장을 설립했다. 국내 역시 본격적인 미국 수출을 위해 울산공장(대지 2만 6천평)의 생산라인을 대폭 확장 증설(공장 면적 총 8천 7백평)하고, 생산직 인력(총 1천 500여명)도 대규모로 확충했다. 경쟁력 있는 가격으로 공급하려면 생산규모를 크게 키워야 된다는 취지였다. 여러 모로 엄청난 집중력이 필요한 때였다.

그런데 바로 그때 큰 문제가 터지고 말았다. 1987년 6·29선언이 도화선이 되어 회사가 온통 노동운동의 소용돌이에 휩싸인 것이다. 게다가 긴급 인력을 대규모로 충원하는 과정에서 전문 운동권 출신 여대생 두 명이 위장취업으로 입사하여 사태를 걷잡을 수 없이 악화시켰다. 품질이나 납기가 제대로 지켜질 리 없었다. 그 영향은 고스란히 미국 현지법인으로 이어졌다. 그 상황에서도 목표달성을 하겠다는 생각에서 제품을 밀어냈고, 결국 미국에서는 팔지 못한 채 재고만 늘어갔다. 무리한 판매는 클레임을 자초해서 사태를 악화시켰고 손실은 급증했다. 이처럼 노사분규의 직격탄을 맞게 되자 결국 수출사업을 점차 축소하는 한편 일부 시설은 말레이시아에 합작공장을 설립하여 이전하기도 했다. 마침 울산의 현대그룹 사업장을 방문한 말레이시아의 마하티르 수상이 현대에 투자요청을 해온 터라 명분은 있는 해외사업이었다.

그 상황에서 내가 사장으로 부임하게 되었다. 나는 당장 매년 수백만 달러의 결손을 내고 있는 수출 가구 사업 정리에 들어갔다. 이미 연차적으로 축소 중에 있었지만 미주가구 생산을 중단하고 그 대신 HFI는 필요한 가구를 현지법인 HFI 경영진의 책임아래 태국, 인도네시아, 필리핀 등 원자재도 생산되면서 인건비가 훨씬 저렴한 동남아로부터 조달해서 판매하는 것으로 결정했다.

사실 미국의 가구 사업은 애초에 정 명예회장이 내놓은 아이디어가 아니었다. 하지만 정 명예회장이 직접 결정하고 한 번 시작한 사업을 중도에 그만두는 일이 없었으므로 미주 가구 사업을 쉽게 중단할 수가 없는 상황이었다. 회사 내부에서는 새 사장이 사전 보고도 없이 미주가구 생산을 중단했으니 날벼락이 내릴 것이라는 분위기였다. 그런 분위기를 느끼며 어느 날 다소 긴장한 상태로 업무보고를 위해 명예회장실로 올라갔다. 그런데 그 자리에서 명예회장은 뜻밖에도 미주가구 사업에 대하여 먼저 말을 꺼냈다.

"미주가구 생산을 정리하기로 했다면서? 할 수 없지 뭐."

골칫거리를 해결해서 다행이라는 어조였다. 이미 다른 사람으로부터 보고를 받은 모양이었다.

그렇게 미주 가구 사업은 정리되었고, 공장은 국내의 아파트 건설에 소요되는 문짝, 문틀, 창호 등 목 가공품과 가정용 가구 생산 위주로 재편되었다. 하지만 공장에서는 여전히 위장취업자의 선동으로 노사문제가 계속되고 회사는 생산제품 재편성 등으로 어수선하기만 했다.

그러던 어느 날 정 명예회장이 나를 불렀다.

"음 사장, 울산 공장을 다른 곳으로 빨리 옮겨요."

간단히 지시하고 더 이상 설명이 없었다. 단호한 지시에 뭐라고 물어볼 여지도 없어 보였다.

"네 알겠습니다."

갑자기 내려진 지시라 당황스러웠다. 일단 상황을 파악해 보았다. 정 명예회장이 울산공장을 이전하라는 데에는 이유가 있었다. 하나는 울산의 현대중공업, 현대자동차의 임금수준이 높은 편이었는데 가구공장의 근로자들이 같은 수준을 요구하며 수시로 노사분규를 일으켜 울산지역 노사문제를 악화시킨다는 점이었다. 그리고 또 하나는 현대중전기의 터빈공장 건설부지가 필요한데 현대목재의 공장부지가 제일 적합하다는 것이었다. 나중에 알게 되었지만 새로 건설 중인 신조 건조 독(Dry Dock)을 파내며 나오는 엄청난 양의 토사를 버릴 곳이 마땅치 않았는데 중전기공장을 지으면서 그 바닥을 높이는 용도로 쓰게 되었다.

그런 지시를 받은 지 얼마 만에 현대중전기 Y 사장이 나를 찾아왔다. 언제 이전하느냐고 채근하기 위해서였다.

"음 사장, 이번 주말에 회장님이 내려오시기로 되어 있는데, 어떻게 터빈공장을 착공했다는 표시라도 하게 해 주시오."

터 닦기를 시작했다는 표식을 위해 우리공장 한 모퉁이에 몇 트럭분의 흙을 하차할 수 있게만 도와달라는 것이었다. 평소 점잖은 분이 간곡하게 요청하는지라 어렵사리 승낙을 하고는, 토요일에 서울 사무실로 올라왔다.

그런데 그날 공장장으로부터 다급한 전화가 걸려왔다. 덤프트럭이 줄줄이 공장 한쪽으로 쳐들어와 끊임없이 흙을 부려놓는데, 가서 막아 보려고 했지만 역부족이라는 것이었다.

덤프트럭 기사들은 근처에서 새로 만드는 건조 독 공사에서 나오는 토사를 그 동안 먼 곳까지 갖다 버렸다. 그런데 옆에 있는 목재공장에 버리라니 신이 나서 우리를 빨리 내보내려는 듯이 실력행사를 하는 것이었다. 가동 중인 가구공장에 말도 안 되는 일이 벌어진 것이다. 도장과 건조 작업이 끊이지 않는 가구공장에서 흙먼지는 최악의 적이었다.

그 다음 주부터 울산공장이 어수선해지면서 작업은 부실해지기 시작했다. 그날 이후 정 명예회장의 독촉은 없었지만 결국 공장이전을 서둘러야 했다. 어쩔 수 없는 선택이었다. 노조와 마찰도 있었지만 일부 근로자들은 명예퇴직을 했고, 경인지역에 연고가 있는 직원들은 용인공장으로 발령을 내서 정리하고 잔여 인원은 울산 방어진 목가공 공장을 확장하여 이동시켰다. 결국 이전 작업이 본격적으로 시작되었다.

당시 용인공장(용인군 남사면 소재)의 시설은 저임금 시대에 만든 노후시설이었다. 나는 그 시설을 고임금 시대에 맞는 생산체제로 바꿀 수 있을지를 기술진과 협의했다. 다행히 부분적 개조 및 증설을 통해 울산공장에서 처리하던 물량을 생산할 수 있다는 결론이 나왔다. 울산공장 대지를 현대중공업에 매각하고 그 대금의 일부를 용인공장 증설과 자동화를 위해 사용하기로 했다. 특히 주방가구 경쟁력을 위해서 컴퓨터로 조작하는 고속 대형절단기를 독일에서 들여왔다. 국내 최초였다. 생산라인도 컨베이어 작업이 용이하게 재배치했다. 마침 구식 창고가 전소되는 큰 화재가 발생하는 바람에 그때 나온 보험금으로 엘리베이터식 대형 자동창고도 건설했다. 가구의 부피가 워낙 크다 보니 운송도중에 하자가 생기는 경우가 허다했고 소요시간과 인건비도 많이 들었다. 제작완료 이후에도 불량품이 양산되고 있었던 것이다. 이를 최소화하고 신속 정확한 상품출하를 위해 자동창고는 필수적이었다.

뿐만 아니라 아파트용 주방가구, 거실가구의 관리방법도 개편했다. 우리 회사 제품은 대부분 공사의 마지막 단계에 설치하는 것이었기 때문에 미리 생산해서 일단 야적을 했다가 현장에 운반하여 개별 아파트에 일일이 설치해야 했다. 그런데 마감공사를 앞둔 아파트 건설현장에는 바닥마감, 전기, 냉난방 등의 공사를 끝내려는 작업자가 동시에 몰려들기 때문에 작업장이 매우 좁고 혼잡하다. 그래서 현장에 쌓아 놓은 제품이 분실되거나 파손되는 일이 자주 일어날 수밖에 없었다. 심지어 제품을 찾지 못해 다시 발주하는 일도 빈번하게 일어났다. 분실하거나 파손된 제품은 밤새 다시 제작해서 설치해야 하는 악순환이 계속되었던 것이다. 그래서 나온 아이디어가 생산한 제품을 아파트의 현장 별, 동 별로 팔레트 포장을 하여 납기 순서대로 야적해 놓는 것이었다. 엄청난 공간이 필요했지만 공장 소유의 임야를 개간하여 해결할 수 있었다. 그렇게 해서 공사현장에서의 혼선과 파손이나 분실 그리고 이에 따른 설치 지연을 예방하고 비용과 시간을 절약할 수 있었다. 새로운 제품 관리를 통해 제작, 저장, 운반, 설치 등 일련의 작업이

체계적으로 이루어졌다.

그 작업들이 하드웨어의 개선이라면, 소프트웨어 즉 인력관리에 대한 개선작업도 시작했다. 당시 공장운영에서는 노사관리가 큰 부담이었다. 특히 젊은 근로자들은 비교적 학력이 높은 반면 나이가 든 직장, 반장 급 고참자들은 학력이 상대적으로 낮아 젊은 노조원들로부터 '무능하다', '어용이다' 라는 소리를 들으며 배척을 받기도 했다. 공장관리자는 작업능률 저하에 대한 책임을 직·반장에게 물었다. 그래서 이들은 양쪽의 압력에 눌리는 샌드위치 신세가 되어 나름대로 고충을 겪고 있었다.

나는 그 직·반장들을 불러 모았다.

"여러분들이 작업관리를 잘 해야 위아래가 협조가 되고 생산성도 올라가는 것 아닙니까."

그들도 할말이 없는 것이 아니었다.

"그 정도는 우리도 모르는 게 아닙니다. 노조세상이라고 젊은 친구들이 막 기어오르는데 우리가 무슨 수로 막습니까?"

그들의 말 속에서 좌절감이 배어났다. 나는 그들에게 진심으로 해결의 실마리를 찾아주고 싶었다. 그들의 애로 사항을 듣고 난 다음 한 가지 방안을 제시했다.

"해결책이 있으니 일단 다음주부터 지금보다 30분 일찍 출근하세요."

"그 시간에는 통근버스도 탈 수 없어서 곤란한데요."

"출근은 우리 관리직 사원들의 차로 태워올 수 있도록 조치할 테니까 그 점은 걱정하지 말아요."

예상했던 다음 질문이 이어졌다.

"사장님은 우리가 일찍 출근하는 것으로 그 문제가 해결된다고 보십니까?"

"일찍 나온다고만 다 해결될 수는 없겠지요. 이렇게 해봅시다. 먼저 출근해서 공장 안팎 청소를 하고, 원부자재를 잘 정리를 해 놓고, 기계에 예열을 해 놔 보세요. 아침식사는 회사에서 모두 제공하겠습니다. 그렇게 할 수 있겠습니까?"

"그거야 못할 게 있겠습니까? 한번 해 보겠습니다."

내 생각은 별다른 것은 아니었다.

우선 직·반장들이 먼저 출근해서 작업준비를 잘 해 놓으면 늦게 출근하는 직원들이 미안해서라도 바로 작업에 들어갈 수밖에 없을 것이다. 물론 작업의 시작과 종료도 정상화되고 작업환경이 한결 청결해지리라고 기대했다.

약속한 첫 월요일, 직·반장들과 사무직 직원들이 함께 출근하여 경영진과 함께 아침을 먹었다. 물론 나와 공장장 등 관리자는 현장 근로자들보다 일찍 출근했다.

3~4개월여가 지나면서 현장 분위기는 달라지기 시작했다. 중간관리자들의 입지가 확고해진 것이다. 위계질서가 제자리를 찾고 작업능률도 개선되었다. 사무직과 마찬가지로 현장 근로자들의 승진도 실적에 따라 보장해 주었다.

직·반장 중심의 생산관리체계가 자리를 잡고 남보다 앞서 자동화 시설을 갖춤으로써 가격경쟁력 또한 확보할 수 있게 되었다. 5~6년 동안 새벽 출근을 하면서 공장 안팎을 샅샅이 살필 수 있었고 직원들과의 대화와 소통의 기회가 많아졌다. 아울러 규칙적인 생활로 내 건강까지 잘 챙길 수 있었으니 일석이조의 효과가 있었다.

되지 않는 사업,
솔로몬군도 원목개발사업 정리

현대종합목재에서 진퇴양난에 빠진 사업이 또 하나 있었다. 바로 남태평양에 위치한 솔로몬군도(Solomon Islands)에서의 원목개발사업이었다. 솔로몬 군도는 1천여 개의 섬으로 된 신생독립국으로 인구는 약 50만 명, 1인당 연 소득이 740달러인 빈국으로 위치상 뉴질랜드나 피지에서 소형 비행기로 갈 수 밖에 없는 오지였다.

나는 부임한 얼마 후 담당 임원과 함께 현지를 방문했다. 그때까지 사장의 현지 방문은 처음이었다. 지사와 직원숙소는 수도인 제2차 대전 격전지로 유명한 과달카날(Guadalcanal) 섬에 있는 수도 호니아라(Honiara)에 있었다.

이 유명한 해전은 1942년 일본군이 말레이시아와 싱가포르를 전격적으로 점령하고 영국군에게 무조건 항복을 받고 남태평양의 거점인 과달카날 섬에 군용비행장을 건설 중 이를 저지하려는 미군과의 교전으로 시작되었다. 양측이 동원한 대규모 전함들과 항공기로 수개월 간 공방을 벌인 끝에 미국이 힘겨운 승리를 거두었다. 수도 호니아라 근교의 한 언덕에 오르면 당시의 격전지였던 공항 활주로가 보이는데 이곳에 수많은 전사들의 영령을 위한 기념공원이 있다.

그곳 호텔에서 하루 밤을 보내고 다음 날 헬리콥터 편으로 그 섬에 있는 아오라(Aola) 현장 캠프를 찾았다. 첫 눈에 모든 것이 부실하기 짝이 없었다. 직원들이 보는데도 원주민이 정품 제재목을 거침없이 집어갈 정도였다. 컨테이너로 만든 숙소건물도 불결하고 열악했다. 실제 벌목현장에 들어가 보니 장비상태와 작업능률이 정상으로 보기 어려웠고 사람들의 근무의욕도 부족해 보였다. 현대그룹 계열사의 현장이라고는 믿을 수 없을 만큼 민망한 상태였고 현장 책임자는 허가 받은 임지의 벌목을 거의 끝내고 철수냐 계속이냐를 놓고 고민하는 상황이었다. 그렇다고 기왕에 투입한 인력과 장비 그리고 비싼 대가로 얻은 경험을 고려할 때 쉽게 철수를 결정할 수도 없었다.

그래서 일단 사업을 계속하기로 결정했다. 새로 신청한 임지의 개발허가가 곧 나올 예정인 곳을 소형비행기로 현지답사까지 한 다음 내린 결론이

솔로몬 군도에서의 원목사업은 열악한 현장이 모든 것을 말해주었다.

었다.

우선 현대건설 출신 책임자를 새로 보내고, 장비도 보강했다. 새로 허가 받은 임지는 호니아라에서 서북쪽으로 400킬로미터 떨어진 벨라 라벨라(Vella Lavella) 섬으로 더 깊은 원시 밀림이었다.

그런데 문제가 생겼다. 새롭게 시작한 지 얼마 지나지 않아서 산림청으로부터 허가사항에 문제가 있다며 벌목 중지명령이 떨어진 것이다. 그 전에도 원주민들이 자원봉사로 현지에 상주하는 영국 변호사를 앞세워 여러 번 벌목 공사를 중단시키는 일은 있었다지만 이번 일은 심상치 않은 분위기였다. 벌목작업은 한번 중단되면 문제가 심각해지는데, 특정 생산현장에 투입된 인원과 고가의 장비가 고스란히 놀게 되기 때문이다. 생산해서 한국에 가져와 투자회수 하는 데 6개월 이상이 걸리는데, 그 기간이 더 늘어나서 수익성이 악화될 수밖에 없었다. 일단 사태를 수습하기 위해 먼저 문제점을 파악해 보았다. 그 결과 벌목허가를 받을 때 절차상의 문제가 발견되었다. 벌목허가를 받기 위해서는 주민들의 동의가 필수적이었는데 현지 대리인이 작성해 온 동의서에 몇 사람의 서명이 위조된 것으로 판명된 것이다. 현지 책임자가 본사 새 사장의 지시를 의식해 대리인을 지나치게 독촉하여 동의서를 받아낸 결과였다.

그 일 때문에 나는 다시 한 번 호니아라를 방문해 정부 측 인사를 만나보고 다 낡은 소형 전세기로 현장까지 답사했다. 다시 철수를 두고 고민하지 않을 수 없었다. 이번 문제를 힘들게 해결한다 해도 앞으로 또 말썽이 나지 않으란 보장도 없었고, 수익성도 불투명할 뿐 아니라 현대그룹의 대외 이미지에도 산림개발사업은 부적절하다는 생각이 들었다. 특히 큰 뜻을 품고 현대그룹에 입사한 인재들에게도 못할 짓이라는 생각이 들었다. 결국 전면 철수 쪽으로 가닥을 잡았다. 다행히 장비는 당시 가까운 파푸아뉴기니에서 산림개발 사업을 하던 한라그룹이 인수하겠다는 뜻을 전해왔다. 의욕을 갖고 시작했지만 예상했던 만큼 수익성이 없다는 것이 밝혀진 다음에도 사업을 중단하지도, 적극적으로 밀어붙이지도 못한 어정쩡한 상황에서 정리가 된 것이다.

그곳에 파견된 직원들은 대부분 극히 열악하고 생소한 근무환경에 위축되어 있었다. 현대그룹에 입사할 때 기대했던 것과는 여러모로 거리가 컸고 사업전망도 비관적이라는 생각을 모두가 하고 있었으니 근무 분위기나 사기가 좋을 리 없었다. 하루에 한 번씩 스콜(squall)이라는 폭우가 내리는데 그럴 때면 작업은 중단되고 차량이동도 어려웠다. 게다가 임지를 돌아보기 위해 전세 내서 타는 4인용 경비행기 조종사는 늙은 퇴역군인으로 늘 술에 절어 있는 듯했다. 솔로몬을 출입하는 여행객이 적으니 운항시간도 믿을 수 없고 승객이 채워지지 않으면 고장 났다며 결항하기 일쑤였다.

도로도 변변하지 않으니 통나무 쪽배로 이동하는 일이 많았다. 한 번은 지점장과 폭이 1미터도 안 되는 쪽배를 타고 가다 거친 삼각파도를 만나 바다 한가운데서 배를 갈아타야 하는 경우도 있었다. 죽느냐 사느냐 목숨이 위태로운 아찔한 상황이었다.

벌목현장을 방문했을 때 본 현장은 더 어이가 없어서 기가 찼다. 그날 현장 생산책임자는 본사에서 처음으로 현장을 찾은 사장에게 나무 자르는 실제상황을 보여주겠다며 앞장서 밀림 속으로 나를 안내했다. 직경 2미터나 되는 거목을 전기톱으로 미리 대충 잘라놓고 우리가 도착하자 마무리 톱질을 하고 있었는데 나무를 어느 쪽으로 넘어뜨리려고 하는지 도무지 알 수 없었다. 나무가 쓰러지면 토막 치기 톱질을 위해 평평한 곳에 넘어뜨려야 하는 것이 상식이다. 그런데 아무리 봐도 그렇게 될 것 같지가 않았다. 내가 걱정한 대로 나무는 큰 물고랑을 가로질러 넘어지고 말았다. 그러니 나무를 일정한 길이로 절단하는 것은 불가능한 일이었다. 그런데도 위에서 톱질을 하니 당연히 톱이 물리고 절단작업을 계속할 수가 없었다. 뒤늦게 불도저를 투입해 로프를 걸어 평지로 옮기려고 힘을 써 봤지만 로프만 끊어져 나가고 말았다. 모두 당황해서 허둥지둥하다 보니 일은 더 뒤틀어져 갔다. 내가 민망해서 볼 수도 없을 지경이었다. 나는 이미 그곳 현장으로 들어가는 길에 원목을 실은 채 도랑에 나자빠진 우리 회사 소속 트럭을 본 터였다. 그야 말로 사고연발이었다.

본부 캠프관리는 물론 생산현장 관리도 부실하게 진행되고 있었던 것이다. 현지 책임자가 산림개발에 대한 지식과 경험이 전혀 없는 데다 본사 경영층에서도 별 관심을 두지 않았으니 당연한 결과였는지 모른다.

15년 송사,
미국 덴버 법정에서 마침표를 찍다

1991년 현대종합목재 사장으로 부임했을 때, 그곳에는 소위 ARI(American Resources Inc.)사건이 장기미제로 남아 있었다. ARI는 현대목재가 미송 원목 조달을 위하여 워싱턴 주에 설립한 합작회사로, 합작 파트너는 Muscanto Inc.라는 회사였다. 그리고 이 회사의 소유주는 현지교포 사업가 H 씨였다. 그런 이유로 H 측이 ARI에 30퍼센트의 자본금을 불입하고 대표이사로 취임했다. 하지만 예상과 달리 수년간 경영실적이 계속 부진하자 본사에서 감사에 들어갔다. 감사결과 회계처리에 문제가 발견되어 이의 해명과 시정을 요구하면서 이견이 생겨 급기야 양측이 소송을 제기하기에 이르렀다. 이 소송과 관련하여 1988년 국제상사중재위원회(ICC)는 계약서에 따라 H 측이 현대에게 약 650만 달러를 변상해야 한다는 확정 판결을 내렸다.

이 판결을 근거로 미 연방법원의 추인을 받고 판결문 집행을 위해 미 워싱턴 주 법원에 제소를 하고 자산을 파악 중이었다. H 측은 변상을 거부하며 판결 액수의 10퍼센트도 안 되는 금액으로 타협을 하자고 나왔다. 내가 사장으로 부임하자 그는 자신의 법조계 친구를 통해 타협안을 제시해왔다. 액수가 약간 많아지긴 했지만 크게 달라진 것이 없는 것이어서, 말 그대로 압력성 회유책에 불과했다. 담당 임원에게 사정을 들어 보니 과거에도 전임 대표이사 회장을 외환관리법 위반으로 고발하여 검찰에 소환토록 하는 등의 압박을 가해 자신들에게 유리하게 타협을 시도한 적이 있었다고 했다. 뿐만 아니라 당시 본사 대표이사에게 접대했다는 소문을 흘려 그 사장을 곤욕스럽게 한 적도 있었다. 그대로 방치할 수 없는 위험인물이었던 것이다.

회사는 매년 엄청난 소송비용을 받아가는 미국 변호사를 압박하여 우선 그가 소유한 하와이의 콘도와 시애틀에 있는 주택과 가구 등을 압류해서 일부 (45만 달러) 회수했다. 그러나 더 이상의 진전이 없는 상태였다. 나는 마침 미국 출장을 다녀온 임순혁 관리상무의 건의로 그곳 교포 출신으로 명망 있는 C 변호사를 새로 선임했다. 그런데 우리가 새로운 변호사를 선임하자 H 측이 새 변호사를 회유해 볼 생각으로 변호사의 아버지 쪽으로 접근을 시도했다. 하지만 이는 C 변호사의 자존심을 건드린 결과를 가져오고 말았다. C 변호사가 이를 부적절한 처신으로 보고 H의 신상 추적에 나선 것이다. C 변호사가 알아본 H는 교포사회를 위해서라도 그대로 두고 볼 수 없는 인물이었다.

C 변호사는 전문 조사기관의 도움을 받아 그의 재산 추적에 나섰다. 무려 2년간의 은밀하고 집요한 추적 끝에 마침내 그가 소유한 재산을 찾아낼 수 있었다. LA 시내에 있는 쇼핑센터와 콜로라도 주의 덴버(Denver) 고급주택가에 있는 주택 등이었다. 물론 지인의 명의로 등기되어 있었지만, 부동산 중개인과 처우에 불만을 품고 있던 지인의 도움을 받아 필요한 증거를 입수할 수 있었다.

우리는 입수한 증거들을 가지고 덴버 법원에 제소했다. 이어서 법원의 도움으로 추적재산에 대한 소유 확인 및 강제경매절차의 진행을 하면서 상대방을 압박해 들어갔다. 당황한 H 측이 1 백만 불을 제시하고 화해를 요청해 왔으나 우리는 즉시 거부했다.

그리고 1998년 봄, 덴버 법원의 담당 판사는 법원 주도로 중재를 하여 이 소송을 종결해 보기로 결심하고 양측의 대표를 법정으로 불렀다. 나는 그때 생전 처음 미국법정에 서게 되었다.

영화에서 본 대로 먼저 증인선서를 하자 판사가 시간이 걸리더라도 오늘 여기서 결판을 낼 생각이니 현명한 판단을 하기 바란다며 입을 열었다. 당사자 모두에게 주는 경고성 충고였다.

곧이어 내게 모두 발언 할 기회를 주었다. 나는 그 자리에서 다음과 같이 말했다.

"확정 판결을 받았는데도 상대방은 온갖 방법으로 변상을 회피하고 시간을 끌고 있다. 이는 우리에게 시간적 경제적으로 막대한 손해를 끼치는 것이다. 미국 법원에도 큰 부담을 주는 것으로 알고 있다. 우리는 손실을 만회하기 위하여 끝까지 모든 법적 수단을 동원할 것이다. 판사께서 이 사건을 공정하고 신속하게 처리하여 줄 것으로 기대한다."

H 측에서는 자신들의 잘못은 없을 뿐만 아니라 적절한 보상을 제의했지만 현대가 거부해서 지연되어 왔다고 둘러댔다.

판사는 오늘 중 타협해서 종결짓는 것이 최선이라고 다시 강조했다. 그러고는 상대방을 별실로 보내더니 우리에게 말했다.

"비용과 시간을 더 낭비하지 말고 타협해서 종결하는 것이 최선이오. 현대는 그들이 얼마를 변상하기를 원하오?"

H 측과 타협한다는 것이 마음 내키지 않았지만 충분한 배상만 받는다면 그것도 좋겠다는 판단이 섰다.

"최소한 500만 달러는 받아야 되겠소."

"그래요? 그럼 잠시 여기서 기다리시오."

판사는 H 측이 대기 중인 별실로 가서 권고를 하는 것 같았다.

이렇게 양쪽을 오가며 타협을 시도한 끝에 판사가 최종 금액이라며 우리에게 제시했다.

"지금 한국이 IMF 사태로 미국 달러의 가치가 폭등해 있으니 기대에 못 미치는 돈을 받아내도 한국 돈으로 환산하면 기대치에 근접하는 것이니 잘 생각해서 결단을 내리시오."

판사는 반대로 H 측에게는 '지금 돈 문제뿐 아니라 형사 문제도 걸려 있다. 그러니까 액수에 너무 얽매이지 말라고 압력을 넣었다'고 부연설명을 하며 타결을 종용했다. 그날 저녁도 먹지 않은 채 늦게까지 줄다리기를 한 끝에 기 회수한 금액을 제하고 285만 달러를 받는 것으로 합의를 마쳤다. 환율을 감안하면 우리가 최초 요구한 금액과 큰 차이는 없었다.

마침내 15여 년을 끌어 오던 소송문제를 외국 법정에서 마무리한 것이다. H와의 만남은 분명 잘못된 만남의 표본이라고 할 수 있다. 그래서 나는 중요한 사업의 파트너를 정할 때 상대방의 과거사와 기본 소양을 제일먼저 파악해야 된다고 늘 강조한다.

5

대형버스를 타고 강화에 도착한 우리의 첫 행선지는 마니산(467 미터) 산행이었다. 하지만 겨울산행은 녹록치 않았다. 쌀쌀한 날씨의 늦겨울이었던 데다 급경사, 계단으로 이어진 산길이었고 더구나 녹다가 얼어붙은 눈길이었다. 하지만 이날 정 명예회장은 왕복 5킬로미터, 3시간 이상이 걸리는 그 길을 강행군하여 참성대까지 올랐다. 내려올 때 일행들의 부축을 받긴 했지만 전혀 무리 없는 산행이었다.

1992년 대통령선거를 되돌아보다

정주영 명예회장이 정계진출하기 2년 전 어느 겨울날, 명예회장 비서실로부터 주말에 있는 강화도 마니산 등산모임에 참석하라는 연락이 왔다. 한 겨울의 등산은 다소 뜻밖이었지만 그날 모임에는 비서실 직원들과 서울 주재 사장단이 제법 많이 참석해 있었다.

대형버스를 타고 강화에 도착한 우리의 첫 행선지는 마니산(467 미터) 산행이었다. 하지만 겨울산행은 녹록치 않았다. 쌀쌀한 날씨의 늦겨울이었던 데다 급경사, 계단으로 이어진 산길이었고 더구나 녹다가 얼어붙은 눈길이었다. 그런데도 이날 정 명예회장은 첨성대까지 왕복 5킬로미터, 3시간 이상이 걸리는 그 길을 강행군하였다. 내려올 때 일행들의 부축을 받긴 했지만 전혀 무리 없는 산행이었다.

이후 일행은 하산하여 고구려 때(389년) 창건했다는 전등사를 들러보고 미리 예약해 놓은 규모가 제법 큰 횟집으로 들어갔다. 그런데 깔끔한 큰 방에는 빈 상만 덩그러니 놓여 있었다. 예약을 해놓았는데도 불구하고 음식 준비가 되어 있지 않았던 것이다. 잘 차린 여주인이 나와 '비싼 활어로 미리 상을 차려 놓았다가 예약한 손님이 안 나타나는 경우가 있어 그랬으니 이해하고 기다려 달라' 며 곧 준비를 하겠노라고 했지만 명예회장은 이미 실망한 기색이 역력했다. 결국 명예회장이 문밖으로 나오면서 비서에게 다른 곳을 알아보라고 지시했다. 하지만 급히 구한 횟집이 특별히 나을 리 없었다. 오히려 시설로는 옹색하기 짝이 없는 곳이었다.

종업원들이 바쁘게 움직이기 시작했다. 곧 상이 차려지고 푸짐한 회 접시도 속속 올라왔다. 술이 한 순배씩 계속 이어졌다. 분위기가 고조되면서 소주가 박스로 들어오는 등 거의 모두가 만취 상태로 빠져들고 있었다. 하지만 명예회장은 전혀 흐트러짐이 없었다. 그런 자세로 명예회장은 일행들에게 끊임없이 질문을 던지고 덕담을 주고받았다. 건설회사 출신들이라 술자리가 잦기는 했으나 이날만큼 취한 자리를 본 적이 나로서는 없었다.

그로부터 2년 후 명예회장의 대선출마가 공식화 되었다. 물론 짐작이기는 하지만 그때 마니산 산행은 당시 75세였던 나이를 감안한다면 일종의 체력점검 차원은 아니었을까 생각해본다. 그날 참성단에 올라 나름대로 어떤 식으로든 가슴속에 결단을 품고, 그 결단을 하늘에 고하고 천지신령의 도움을 청했을 수도 있을 것이다. 뿐만 아니라 험한 산길을 오가면서 그리고 회식자리에서 일행들의 몸가짐과 심성 등 여러 가지를 살펴보는 계기가 되었을 것이다. 정계진출이 어느 날 갑자기 결정할 수 없는 거사인 것을 생각한다면 이미 그때 이처럼 특별한 야외모임으로 나름대로 준비를 시

정주영 명예회장은 강화 마니산을 오르며 체력에서의 자신감을 얻었을 것이다.

작한 것은 아니었을까 짐작해 볼 수 있는 대목이다.

정주영 명예회장이 대통령선거에 나서게 된 데에는 크게 두 가지 요인이 작용했다고 생각된다.

첫째는 5, 6공 12년 동안 군인출신 대통령 치하에서 현대가 겪은 핍박과 개인적으로 받은 수모 때문이라고 할 수 있다. 정 명예회장은 이 기간 중 전경련 회장(1977년 2월 ~ 1987년 2월), 대한체육회 회장(1982년 7월 ~ 1984년 9월)을 역임했는데 정부로부터 적지 않은 퇴임압력을 받았고 체육회 인사에도 압력을 받는 등 어려움을 당했다. 특히 회사에 대해서는 '중화학 투자조정'이라는 명분을 내세워 현대자동차를 대우에 넘기려는 등 부당한 압력과 세무사찰이 가해졌다. 1960, 1970년대에 추진된 경제개발정책에 따른 개발사업에 적극적으로 참여하면서 겪어 본 박정희 대통령에 비해 소위 '국보위'를 시작으로 권력을 휘두르는 이들 정권 실세에 대한 좌절과 실망감은 극명한 대조를 이루었을 것이 자명하다. 상식과 경제논리가 잘 통하지 않는 답답한 상황에서 정 명예회장이 대안을 찾아 고민한 것은 당연한 귀결이었을지 모른다.

뿐만 아니라 정 명예회장은 중동건설에서의 대성공, 현대자동차의 미국

진출, 올림픽의 서울유치 성공, 전경련 회장 연임, 수출 및 국내매출 1위 등 국내외 지명도는 계속 높아지고 있었다. 그러면서 미국(레이건), 소련(고르바초프), 영국(대처) 등 선진국 국가수반들과도 교분을 가지고 왕래하고 있었기 때문에 그들과 한국의 대통령을 비교하게 되는 것은 자연스러운 과정이었을 것이다. 특히 고르바초프 서기장의 경우 우리나라의 현지 공관이 나서 온갖 공을 들여서도 면담을 주선하지 못했는데 정 명예회장이 먼저 서기장을 직접 만나서 정상회담과 국교개설의 토대를 마련한 것은 스스로의 역량을 확인하는 계기가 되었을 것이다. 미국의 경우에도 연방수도 워싱턴에 현대자동차 사무실을 개설하고 리처드 알렌, 제임스 베이커, 홀브르크 등 정계 거물과도 교분을 쌓고 인맥을 만들었다. 이로써 정 명예회장은 사업 분야뿐만 아니라 국제관계에도 큰 자신감을 갖게 되었다. 바로 그 자신감이 답답하고 실망스런 정치에 대한 대안을 구체화시키는 원동력이 되었을 것이다.

사실 현대그룹 임직원 대부분은 정주영 명예회장이 정치에 관심을 갖는 것이 표가 될만한 세력을 결집해서 유력한 대통령 후보를 후원하려는 것쯤으로 생각하고 있었다. 정치를 한다고 하더라도 정몽준 의원에 이어 이명박 현대건설 회장을 국회에 진출시켜 정치권과의 연결고리를 만들기 위해 움직일 뿐이라는 설도 있었다. 실제로 1991년 12월 초, 정 명예회장은 언론계에서 도는 정계 진출설과 관련, 일간지와 인터뷰에서, "정계에 직접 진출하지 않고 나라를 위해 일할 사람들을 물색, 내년 국회의원 선거부터 이들을 물심양면으로 지원하는 방식을 택하겠다."라고 밝히기도 했다.

그리고 대선이 있던 1992년 1월, 정 명예회장은 통일국민당을 창당하였고 그 해 3월에 있었던 국회의원 총선거에서 31명의 국회의원을 배출함으로써 정계에 성공적인 첫 발을 들여놓았다. 그때까지도 명예회장 본인이 대통령 후보로 출마할 것이라고 생각한 사람은 거의 없었다.

1992년 초 어느 날, 명예회장 초청으로 청운동 영빈관에서 김영삼 대통령 후보를 위한 만찬이 열렸다. 현대그룹 사장단 부부도 모두 합석한 성대한 연회로서 두 거물 간에 덕담이 이어졌다. 사실 그 정도면 누구라도 명예회장이 김영삼 후보를 그룹차원에서 후원한다는 것을 확인하는 자리라고 생각할 수밖에 없었다. 김영삼 후보도 그렇게 생각했을 것이다. 하지만 총선에서 기대 이상의 성과를 거둔 정 명예회장은 곧 "국민당 대표로서 이

연말 대통령 선거에 국민당 대통령 후보로 출마하겠다." 하고 만천하에 공식 선언했다. 설마 했던 정 명예회장의 대통령 출마가 드디어 현실이 된 것이다.

통일국민당 창당 작업 및 총선의 경험이 총 동원되어 대선 준비가 본격화 되었다. 중앙당에서는 선거조직을 구성하고 정책을 개발하고 당원을 모집 하는 등의 일이 추진되었다. 내가 사장으로 있는 현대목재는 회사가 위치한 용인지역의 협력회사, 종업원 가족, 친지들을 상대로 정상업무 이후나 휴일을 이용하여 당원모집에 들어갔다. 또한 선거본부에서는 각 사의 활동성 있는 인력들을 선발하여 용인의 마북리 인력개발원에서 교육도 실시했다.

그런데 이때 인명사고가 터졌다. 울산공장에서 선발되어 올라온 우리 회사 기능직 사원 한 명이 교육기간 중 연수원에서 사망하는 사고가 발생한 것이다. 회사 측의 약점을 노린 유족들은 친지들을 동원하여 회사 근처에 천막을 치고 거액의 보상금을 요구하고 나섰다. 사망원인이 지병 때문이라는 증거를 보여 주며 타협을 시도했지만 막무가내였다. 협상이 뜻대로 풀리지 않자 유족 측이 이 사고를 민자당에 제보하고 말았다. 문제가 커지고

만 것이다. 급기야 언론들은 기다렸다는 듯이 이 사건을 기사화 하게 되었고 결국 검찰에서 소환조사하는 상황까지 벌어졌다. 이 사건은 관리담당 임원이 구속되면서 일단락되었지만 그것은 이후 불어 닥칠 바람의 전조였을 뿐이었다.

선거전은 갈수록 치열해지고 통일국민당의 약진으로 집권당에서는 자신들의 표밭이 흔들린다고 걱정할 정도에 이르렀다. 그런데 그때 또 현대중공업의 재무담당 임원이 구속되는 사건이 발생했다. 사건은 현대중공업에서 근무하는 여직원의 제보로 시작되었다. 언론에서는 여직원의 제보 동기와 신원은 덮어 두고 비자금 사건으로만 연일 대대적으로 보도했다. 현대중공업 사장에 대해서는 수배령이 떨어졌다. 자진 출두를 압박한 결과가 신통치 않자 현대그룹 사장들을 검거하겠다고 강도를 높여 왔다. 당 대표 특보 등 주요인사가 수배되고 계열사의 주요 경영진은 국내외로 잠적하기 시작했다. 하지만 나는 그때까지 별로 개의치 않았다. 이미 담당인원이 구속된 상태이고 지인을 통해 크게 걱정할 필요가 없다는 검찰 안의 분위기도 파악하고 있었다. 그리고 회사의 규모로 보나 적자상태인 재정 형편을 봤을 때, 별다른 활동을 할 수 있는 여건이 아니었다. 실제로도 그 지역 국민당 후보에게 직접지원이 전무했으므로 사법기관의 관심을 끌여지는 없다고 판단했다. 비자금 사건 와중에도 나는 평소처럼 회사에 출퇴근했다.

그런데 어느 날 새벽 출근하기 위해 문을 나서는데, 낯선 남자 대여섯 명이 몰려들어 내 팔을 붙잡고 강제 연행하려 했다. 하지만 무턱대고 따라갈 수는 없었다. 상황을 파악해야 했다. 그들에게 거실로 들어가자고 요구했다. 그들은 선거법위반 혐의로 조사가 필요하다며 거부했다. 나 역시 영장 없이는 동행할 수 없다고 버티며 거실로 들어갔다. 그러고는 몇 군데에 전화를 걸어 상황을 알아보며 대책을 찾고 있었다.

그때 전화가 걸려왔다. 우리 회사 정운학 부사장이었다.

"사장님, 검찰에서 왔다는데, 문을 열어줘야 합니까? 최 상무 집에도 수사관이 들어와서 수첩이 압수돼서 선거 관련 물증이 잡혔답니다."

나는 변호사를 집으로 불러 조언을 듣고, 주변 정황을 더 파악한 뒤 묘책이 없다고 판단하고 수사에 응해도 좋다고 대답했다. 그리고 수사관들을 따라 나섰다

그날 조사의 핵심은 '그룹 차원에서 조직적으로 시켜서 한 일이 아니냐

는 것이었다.

"각 사 형편에 따라 알아서 자발적으로 협조하는 수준이다."

내가 대답할 수 있는 말은 그 정도였다.

그 외에는 알맹이가 없는 조사였다. 조사하는 도중에도 검사는 자주 외부와 메모를 교환했다. 상위 기관과의 조율이 진행되는 듯했다. 결국 나는 선거사범 피의자로 서울구치소에 수감되었다. 그때가 1992년 12월 초였다.

나는 독방에 수감되었고, 다음 날 각 신문에 내가 구속되는 사진들이 크게 실렸다. 나는 모든 사실을 담담하게 받아들였다. 무엇보다 기업의 선거 개입에 동의를 하지 않으면서도 사의표명 등 확실한 방식으로 내 의지를 표시하지 못한 대가라고 생각했다. 현대종합목재가 표적이 된 것은 관리 상무를 선거사범으로 구속하면서 충분한 자료를 확보한 뒤라 단기간에 사법처리가 쉽다고 판단했기 때문이었을 것이다. 정치적 효과 측면에서는 사장 한 사람 구속으로 국면 전환하는 것이 목적이었을 것이기에 그 대상이 누구인가는 중요하지 않았을 것이다. 이미 국제적 인지도가 높은 주력회사를 건드려 놓으면 회사 공신력만 떨어지고 시간도 더 걸린다는 점을 고려한 조치였을 것이다. 실제로 사장 한 사람을 본보기로 구속하면서 압박을 가해 그 동안 도피 중이던 현대중공업 사장이 자진 출두한 것으로 결국 자신들의 목표를 달성했다. 당시 이 사건 담당 서울지검장은 이건개 씨였다

   구속 된 후 특이한 현상을 하나 발견할 수 있었다. 선거 관련으로 구속된 고위 현대임원들이 기술자 출신을 제외하면 5명이 모두 서울상대 출신이었다는 것이다. 여러 계열사에서 잡혀왔는데 어떻게 이럴 수가 있을까. 과연 우연이었을까? 지금도 나는 아니라고 생각한다. 법조계를 이끄는 인물이 대부분 법대출신들이고 그들끼리의 인적 네트워크가 그 배경이라고 믿는다. 나는 법대출신의 지인으로부터 "왜 이렇게 태평스레 앉아 있느냐"는 말도 들은 바 있었다. 그들은 현대 사장단의 체포가 임박했다는 것을 이미 알고 있었던 것이다. 당시 다른 계열사 사장단들은 뒷날 알고 보니 어떤 형태로든 권력기관과 선이 닿아 있었다. 본인이나 회사를 보호하는 차원에서 그것을 반드시 나쁘다고 얘기할 수는 없다. 반면 우리들은 공통적으로 정치 동향에 관심이 별로 없었고 소신껏 일만 잘하면 된다는 식이어서 평소 권력기관 인사들과 교분을 갖는 데에 무관심했다. 따라서 선거운동 기간

중 사법기관과 여권 수뇌부의 사정에 어두울 수밖에 없었다.

또 하나의 특이한 사항은 교도관들과 재소자들의 태도였다. 그들은 우리들에게 처음부터 우호적이었다. 선거 관련 사건이나 정치 사건의 경우 그렇다는 애기를 듣기는 했지만 다소 뜻밖이었다. 선거 관련 재소자들은 선거 끝나면 모두 풀려 나가는 것이 관례이고, 더구나 전문 경영인들에게 원망을 살 필요는 없을 터이니 이해도 되었다. 게다가 그들은 주야로 열악한 환경에서 근무하는 공무원으로 양지 쪽에 있는 권력기관을 경원하는 분위기도 느낄 수 있었다. 덕분에 나는 거의 매일 면회시간을 가질 수 있었다. 그렇게 수감생활을 하는 동안 마음을 다스리기 위해 노력했다.

내가 자초한 일인데, 누구를 원망할 것인가? 내가 받아들이고 따르지 않았던가? 형평성을 따져 뭐 하겠는가? 그런 생각들을 하며 마음을 가라앉혔다. 덕분에 매일 운동도 열심히 하면서 가족 친지의 걱정과는 달리 비교적 담담하고 긍정적인 마음으로 지낼 수 있었다.

그런데 어느 날 소장 방에서 면회를 마치고 차를 마시다가 책상 위에 놓여 있는 <조선일보>를 보고 깜짝 놀라고 말았다. 나와 관련된 기사였는데, 대부분 사실과 전혀 다른 내용이었다.

어처구니없게도 기사에는 "모월 모시 조사에 의하면…." 하는 내용이 있었다. 그런데 나는 그날 조사를 받은 사실 자체가 없었다. 기사내용도 온통 한쪽에 치우쳐 의도를 가지고 각색된 것이었다. 나는 그냥 넘어갈 수가 없었다. 이 허위기사로 오해와 억울한 피해자가 생겨서는 안 되겠다는 생각이 들었다. 나는 당장 그 자리에서 반박문을 작성했다. 다행히 그것을 면회 온 사람에게 전달할 수 있었는데, 그 반박 내용이 신문에 실렸다. 막바지에 달한 선거열기에 큰 영향을 주는 시점에 발생한 사건이었다. 이 사건을 계기로 현대는 조선일보의 편파 보도 성향을 문제 삼으며 법정까지 가는 공방전을 벌였다. 얼마 후 이 기사를 작성한 기자가 구치소에 면회 와서 직접 사과를 하기는 했지만 사후약방문 격이었다.

선거가 민자당 승리로 끝나면서 과거 관례에 따라 우리는 곧 풀려나갈 것으로 기대하고 있었다. 그러나 어떤 희망적인 소식도 들려오지 않았다. 성격이 독한 YS가 충격을 받아서 분위기가 안 좋다는 소리도 들려왔다. 정주영 명예회장에 대한 배신감 그리고 적지 않은 세를 보여준 국민당을 견제해야 한다는 심리도 작용했을 것이다. 자신에게 도전한 집단을 무자비하게 몰아붙이는 정치권의 속성도 한몫 했을 것이다. 오죽했으면 DJ가 정계퇴진을 선언하고 황급히 영국으로 출국했겠는가.

여러 채널을 통해서 분위기를 살펴봐도 쉽게 풀릴 것 같지가 않았다. YS는 먼저 미국방문에 나섰다. 대선 뒷마무리를 우선적으로 처리하는 것이 그 동안의 관례였는데, 미국 먼저 갔다 와서 보자는 분위기로 돌아가고 있었다. 결국 우리는 YS가 미국에서 돌아온 얼마 후 속속 풀려났다. 구속 수감된 지 81일 만이었다.

한편 계속된 압력으로 국민당은 해체되었고 정 명예회장은 국회의원직을 내놓고 대외활동도 접어야 했다. 국민당 지도부에서 활동하던 일부 경영진도 대부분 원직에 복귀했다. 하지만 그 후유증은 오래갔다.

소위 문민정부라는 새 정부는 현대그룹의 기업 활동을 온갖 방법으로 압박하여 정상적인 운영을 어렵게 만들었다. 과거정권과 크게 다르지 않았다. 이를 두고 모(某) 대기업 회장은 사장단 회의에서 이렇게 말했다고 한다.

"현대그룹이 저런 핍박을 받으면서 살아 있는 것은 엄청난 저력이 있기 때문이오. 우리가 만약 그런 시련을 한두 달만 겪었으면 벌써 공중분해 되고 말았을 것이오."

구치소에서 나온 우리 세 사람은 다음 날 정 명예회장을 찾아갔다.

명예회장은 우리를 반갑게 맞아주었다.

"애썼어. 앞으로 현대종합목재는 투자를 많이 해서 회사를 크게 키워봐."

막상 화젯거리도 마땅치 않은 상황에서 할 수 있는 덕담이었다. 실제로 이후 회사를 키우려는 그룹의 지원은 이루어지지 않았다. 오히려 회사는 2세들에게 개인 지분이 정리되면서 자립경영이 불가피한 분위기로 돌아가고 있었다.

회사로 출근하고 보니 분위기는 말이 아니었다. 당장 일부 임원들이 전국적으로 수배가 되어 피신 중이었다. 일단 입건이 됐기 때문에 조사를 받고 정리해야 하는 기소중지 상태였다. 회사 근무도 할 수가 없었고 가족들의 고통은 가중되고 있었다. 나는 기소 중지된 임원들의 뒤처리부터 시작했다. 명망 있는 검사장 출신 변호사를 새로 선임하고 사건에 관여됐던 검사 및 정부 고위층을 접촉하며 문제해결을 위해 백방으로 노력했다. 하지만 모두 소극적이었다.

선거는 끝났고, 무려 4명이나 되는 회사 임원들이 구속 수사까지 받았는데, 장기간 피신 중인 임원 2명을 꼭 더 구속해야 하느냐고 하소연했지만 소용없었다. 결국 긴 기간에 걸쳐 엄청난 변호사 비용을 지출한 뒤에야 가까스로 불구속 사건으로 처리되었다. 그것도 청와대까지 손을 써 분위기를 잡은 다음이었다. 법조인이 상류사회의 일원으로 살아가는 데는 그만한 수입 없이는 불가능한 것이었다. 청렴하다고 알려진 사람도 마찬가지였다.

우리 모두는 집행유예 처분을 받고 항소 중이었다. 이듬해 특별사면을 검토한다는 소식이 들려왔는데 정부로부터 사면대상 인원이 할당된다는 희한한 소식이 들려왔다. 사법부 자체적으로 경중을 가려 특정인을 정하는 것이 아니고 '현대그룹 몇 명' 이라는 식이었다. 통치 차원의 정치적 판단이라고 했다.

그룹본부에서는 서열 순으로 사면대상을 정해 청와대에 통지했다. 나에게도 그룹회장(정몽구) 비서실에서 사면이 된다는 소식을 미리 알려왔다. 그 과정에서 선거와 관련해 곤욕을 치른 사람이 여럿 있었지만 현대그룹이 해체되는 과정에서 이 문제는 완전히 잊혀진 사건이 되고 말았다.

다양한 경험을 하며 세계를 돌아다녔지만 국내에서 구치소 경험까지 하게 될 줄은 정말 몰랐다. 어쨌거나 그 일은 인생을 더 깊이 있게 성찰하는 계기가 되었고, 새로운 변화의 씨앗을 심는 시간이기도 했다.

유일했던 일터, 현대와의 이별

선거 후유증은 오래 갔다. 그러나 결국 시간이 가면서 선거 관련 소송문제도 일단락되고 기소중지 됐던 임원들도 천신만고 끝에 모두 정리가 되었다. 하지만 기업이란 가만히 놔둔다고 돌아가는 것이 아니었기에 회사 일에 다시 매달려야 했다. 나는 무엇보다 회사 경영의 핵심이 되는 시설개선, 인사관리 그리고 전산화에 집중했다.

현대종합목재의 공장을 용인으로 통합하고, 그것을 계기로 대폭적인 시설교체에 들어갔다. 또 대형 자동화 창고와 사옥을 신축하고 야적장도 크게 넓혔다. 노사문제는 직·반장과 관리직 간부가 생산직보다 30분 일찍 출근토록 하여 한 솥 밥을 먹게 되면서 의사소통과 단합이 수월해졌다. 아울러 노사협상에 사장이 나타나지 않는다는 원칙을 세우고 노사협상 대표권을 공장장에 위임했다. 그리고 회사의 주요 경영정보를 전사적으로 공개하여 전체 사원의 이해와 협조를 촉구했다. 이렇게 대부분의 노사 및 인사 관리 문제가 자리를 잡아갔다.

관리체계를 개선하는 방법으로 업무의 전산화를 촉진했다. 전국에 산재한 수백 개의 대리점, 협력회사, 직영 사업장 등을 상대로 입출고와 매출・매입 그리고 채권・재고 등을 관리하기 위해서는 전자결재 등 최신 전산관리 시스템의 도입이 필수적이었다. 당시 현대종합목재는 다양한 품목을 판매하면서 수금까지가 6개월에서 1년이 걸렸다. 그러다 보니 불량재고와 불량채권도 막대한 금액에 달하여 재무구조는 매우 열악했다. 특히 목재사업부의 부실채권 규모는 100억 원대에 달했다. 모두 회사가 골머리를 앓는 문제였다. 그때 마침 그룹에 새로 설립된 현대정보기술(HIT) 김택호 사장의 도움을 받아 그룹에서는 처음으로 전자결재를 포함한 최신 전산시스템을 도입했다. 또한 PC단말기와 이동통신 단말기 사용을 대폭 확대했다. 이로써 재고와 매출채권을 비롯하여 사내・외의 원부자재 재고품 등을 효과적으로 관리할 수 있었다. 물론 투명성도 확보되었다.

하지만 이 전산화 작업으로 인해 회사의 취약한 재무구조의 실상이 적나라하게 드러났다. 그럼에도 회사는 여러 해 동안 관행에 따라 분식결산 방식으로 이익을 계상하여 매년 수십억 원에 달하는 주주배당과 사업소득세를 지불해 왔다. 나는 이 가공이익에 따른 비용을 절감하기 위해서 실상을 반영하는 적자결산을 일찍부터 시행했다. 그룹의 이미지에 손상을 준다는 일부의 비판도 있었지만 2세 경영체제로 넘어가면서 그룹사간 이전거래가 점점 어려워지고 있는 상황에서 재무구조 개선과 독자생존을 위하여 원칙대로 회계처리를 하는 것이 방향이라고 판단했다.

부실정리와 신상품개발로 자리를 잡아가던 1997년 말, 이번에는 IMF사태가 우리 회사에도 몰아 닥쳤다. 당장 외국에서 연불조건으로 수입해 온 원목과 원부자재의 지불채무 금액이 높은 환율로 인해 폭등하는 사태가 벌어졌다. 그 동안 정리기미를 보이던 미수채권도 경기 후퇴로 다시 늘고 재무구조도 더 악화될 조짐이 보였다.

이어서 1998년 1월, 정몽헌 회장이 그룹회장에 취임하고 그룹의 분할이 가시화되기 시작했다. 그런데 얼마 후 현대목재 부사장이 새로 부임했다. 그룹 본부에서 사장과 사전에 한 마디의 상의도 없이 발령을 낸 것이다. 내심 불쾌했고 이는 향후 나의 진로를 새로 생각하게 하는 계기가 되었다. 내가 초창기부터 모셔 온 정 명예회장은 서산농장과 대북사업에만 관심이 있고 새 그룹회장과는 업무 면에서 피차 생소했다.

지난 11년간 현대그룹의 최고경영자로 일하면서 여러 차례 고비를 넘겨왔는데 이제 때가 다 되었구나 싶었다. 그동안 비교적 독자적으로 소신에 따라 경영해 왔고 갖가지 난제를 극복하는 보람으로 근무해 왔다고 생각하였다.

나는 떠나기로 결심하고 종합기획실장을 통해 사의를 표명했다. 정 명예회장은 보고를 받고 '다른 곳으로라도 발령을 내야 되지 않느냐'는 반응을 보였다는 얘기가 들려왔다. 며칠 후 종합기획실에서는 연말까지 기다려 보자는 연락이 왔다. 하지만 나는 이미 마음을 굳힌 상태였고, 내 뜻을 관철시켰다.

사실 그때는 이미 2세 경영체제가 굳어진 상태였다. 새 그룹회장과 가까운 경영진과 측근 참모도 모두 입사후배들이었기 때문에 내가 다른 계열사로 전임된다 하여도 피차 불편하기는 마찬가지일 것이었다. 혹시라도 퇴사대상이 되거나 불미스런 사유로 떠나느니 나 스스로 나의 길을 택하겠다는 자존심도 작용했다. 1966년 첫 직장으로 현대건설에 입사한 이래 34년 동안 몸과 마음을 바친 현대를 나는 그렇게 떠나게 되었다.

입사 후 10년 만에 임원이 되고 그 후 11년 만에 사장이 되어 11년간 대그룹의 최고경영자로 근무했으니 직장생활에서는 나름대로 성공한 셈이다. 지금 생각해도 대기업 전문경영자 중에는 퇴직 이후에도 경영책임을 추궁 당하여 마음고생을 하게 되는 경우가 많은데, 내 경우는 그런 일이 전혀 없어 다행이라고 생각한다.

어찌 회한이 없을 수 있을까? 하지만 나는 한국경제의 개척자라는 생각으로 34년을 살아왔기에 별다른 아쉬움은 없었다. 지구촌 어디든 갔고, 누구든 만났으며, 어떠한 도전도 극복해 왔는데 아쉬움이 어떻게 그 가치를 대신할 수 있겠는가? 우리들이 수주한 선박들 덕분에 많은 일감이 생겼으며 귀중한 외화 보유고가 늘어났고 우리가 지구 끝 오지에까지 가서 낯선 이방인들과 거래를 트는 사이에 한국이라는 가난한 나라가 하루하루 달라지고 있었다. 이러한 기회는 내가 정주영이라는 세기적 거인이 이끄는 현대에 입사했기 때문에 가질 수 있는 행운이었다.

스탠퍼드로 떠나다

현대그룹에는 사장단이 퇴직하면 고문으로 2년 동안 근무하게 하는 제도가 운영되고 있었다. 은퇴준비를 돕는 예우차원의 배려였다. 나는 애착이 가고, 전문 분야이기도 한 현대중공업을 택했다. 상임고문이기는 했지만 특별히 업무가 있는 것은 아니었다. 울산에 내려가서 나는 장기간 미결로 계류 중인 국제계약에 관련된 업무에 국한하여 자문을 맡고 있었다. 대부분 분쟁 중인 문제로 경영진 입장에서 볼 때 예민한 사안도 많아서 내 경험과 판단에 따라서 실무진에게 객관적 의견만 개진했다.

그렇게 1년여를 보내고 있을 때, 큰며느리가 스탠퍼드대학 경영대학원(Graduate School of Business)에 입학하면서 아내가 1살 난 손자를 돌보아야 할 상황이 되었다. 당시 큰아들은 스탠퍼드 경영대학원을 막 졸업하고 그곳 컨설팅 회사 맥킨지에서 근무하고 있었다. 나로서도 어떤 선택을 하지 않을 수 없었다. 기왕에 미국에 가야 한다면, 나도 뭔가 새롭게 시도해 볼 수 있겠다는 생각을 하게 되었고, 그 과정에서 명문 스탠퍼드에서의 연구 활동에 관심을 갖게 되었다. 떠날 결심을 한 후 현대중공업 고문직을 그만 두고 미국으로 날아갔다. 그때가 1999년 5월이었다.

현대중공업 고문을 그만두면서 찍은 이 사진은 나와 현대와의 마지막 사진이기도 하다.

나는 그 해 여름부터 시작되는 스탠퍼드 APARC (Asia-Pacific Research Center) 연구소에서 국제협상에 관한 공부를 해보고 싶었다. 내 실무경험을 학문적으로 정리해보고 국내에서 활용할 수 있을 것이라는 기대에서 비롯된 생각이었다. 그리고 APARC에서 운영하고 있는 1년 코스의 산학협동방문연구 (Corporate Affiliated Visiting Fellow Research) 프로그램 참가를 신청했다.

스탠퍼드 대학에는 국제관계 연구소가 두 개 있었는데, 모두 극동아시아 지역의 정치 경제 사회문제를 집중적으로 연구하는 곳이었다. 한 곳은 한국 정치인들이 많이 가고 한국에도 많이 알려진 후버(Hoover) 연구소이고, 또 하나가 APARC 쇼렌스타인(Asia-Pacific Shorenstein) 연구소이다. 후자는 민간인들이 많이 가는 곳으로, 그곳의 산학협동 프로그램은 일본이 미국과의 관계 개선을 목적으로 거액을 기부하며 정성을 쏟고 있었다. 일본에서는 매년 정부관리, 금융, 언론, 산업계의 임직원들을 보내 미국을 이해하고 인맥을 형성하는 기회로 이용하고 있었다. 반면 한국에서는 별로 관심을 기울이지 않아 산업자원부나 외무부, 노동부, 삼성그룹 등 일부 기업과 기관만 프로그램에 참여하고 있었고 보내는 인원도 2, 3명에 불과했다. 그나마도 한국인들은 연구보다 한국 사람들끼리의 친교활동과 체력단련에 더 열중하는 것으로 보였다.

당시 나의 신분은 방문연구원(Visiting Fellow)이었다. 일단 연구원으로 가면 사무실과 각종 학내시설을 사용할 수 있었기 때문에 현대중공업으로 하여금 산학연구프로그램에 가입하도록 해서 얻은 자격이었다. 연구원이면 캠퍼스 안에 있는 각 대학이나 연구소에서 제공하는 과목을 수강할 수 있는 혜택도 주어졌다. 그 학기 방문연구원은 20여 명이었다. 중국 본토인

스탠퍼드에서 아내와 함께, 아내는 늘 나의 지원군이었다.

네 명을 포함해 대만, 홍콩, 중국계가 7명 그리고 모두 일본인이었다. 중국은 그때 개방이 된 지 얼마 되지 않았음에도 불구하고 많은 인원이 참여하고 있었고 중국계 교수와 책임자급 연구원이 적지 않았다.

나는 그곳 연구소가 미국의 아시아 지역에 대한 대외정책을 개발하고, 정부에 건의하는 기관으로서의 역할이 막강하다고 생각했다. 수도 워싱턴을 중심으로 하는 대미관계 증진 노력보다는 그런 연구소에서 권위 있는 전문가와 지속적인 관계를 유지하면서 우리에게 유리한 정책을 공동으로 개발하여 양국의 중앙정부 정책에 반영하는 방법이 더 효과적이라는 생각이 들었다. 일본은 이 프로그램에 젊고 유능한 인재를 보내 소기의 성과를 거두고 있는 반면, 한국은 일본과는 전혀 달랐다. 연구소에 등록하는 사람이 있다고 해도 대부분 퇴직을 전후해서 오고 언어소통도 신통치 않았다. 더구나 외직으로 나가는 것에 대한 전통적 거부감이 있어서인지 등록을 해놓고도 수강이나 연구는 담을 쌓고 본국의 동향에 늘 관심을 갖고 있는 것 같았다. 국내에서 격무로 고생하다가 미국에서도 생활환경이 최고인 곳에 오게 되니 자연히 어려운 강의와 연구는 멀리하게 되는 측면도 있었을 것이다.

나 개인적으로도 영어를 몇 십 년 해왔지만 수강이 쉽지 않았다. 게다가 거의 토론식 수업이었고 숙제가 많았으니 우리 한국 사람들이 어떤 태도를 취할지는 뻔한 이야기이다. 다행히 나는 색다른 학원 분위기와 세계적 석학들의 강의에 흥미를 느끼고 나름대로 열심히 수강했다.

내가 퇴직하면서 협상학에 관련된 연구를 해서 나중에 한국에 와서 대학이나 기업체에 도움 되는 일을 할 수 있지 않을까, 생각하여 선택한 것이 스탠퍼드 법과대학의 '국제 분쟁 및 협상 센터'(일명 Gould 센터)에 개설된 협상 및 조정(Negotiation and Mediation) 프로그램이었다. 이 과정은 주로 법과 학부 졸업생들이 변호사 자격시험 준비를 위한 과정이었다. 강의는 케이스 스터디(Case Study) 중심의 세미나 식이었고, 중재 및 알선의 현장에서 현역으로 일하는 전문가를 초빙하여 토론식으로 진행하는 강의가 많았다.

하지만 그렇게 1년여 동안 공부하다 보니 정규과정을 밟지 않고는 처음 생각대로 협상 전문가로 일하기에는 크게 부족하다는 고민이 생겼다.

이런 상황이 되면서 청강 중이던 경영대학원(GSB)의 벤처창업 관련 과목에 더 흥미를 갖게 되었다. 특히 동 대학원에서 한국인을 위해 특별히 개설한 창업관련 프로그램을 도착하자마자 청강하고는 깊은 인상을 받았다. 이 프로그램은 벤처기업가로 크게 성공한 암벡스 그룹의 이종문 회장이 기부한 사재로 동 대학원이 특별히 준비한 6개월 과정이었다. 학생은 한국에서 벤처업계와 관련된 젊은이 중 선발되어 온 사람들인데 캠퍼스에서 숙식을 하며 공부했다. 한국정부는 IMF 사태를 극복하는 정책의 일환으로 벤처창업을 적극 후원하고 있었고 '새롬기술'이 실리콘 밸리에 투자한 다이얼패드(DialPad)가 인터넷전화 서비스로 현지에서 큰 주목을 받으며 한국 토종 벤처가 뜨는 분위기여서 한국의 젊은 벤처기업인들이 많이 참여하고 있었다. 나는 이 강좌 이외에도 GSB에서 하는 대부분의 벤처 관련 정규과목을 청강하면서 벤처와 엔젤투자가(Angel Invester)에 대한 이해와 관심을 넓혀 갔다. 오랜 기간 경영인으로 활동한 탓인지 강의 내용은 물론 경영진을 직접

스탠퍼드 법과대학 '국제 분쟁 및 협상 센터'에 개설된 협상 및 조정 프로그램을 함께 수강한 동료들과 함께

초대해서 질의응답 식으로 교수와 함께 진행하는 강의방식이 매우 흥미로웠다. 뿐만 아니라 벤처기업의 원초적 발상지다운 창업열기를 곳곳에서 느낄 수 있는 분위기였다.

그렇게 그곳에서 1년을 마칠 때쯤, 나 자신이 이노티브(Innotive Corp.)를 창업하는 계기가 마련되고 있었다.

60세에 도전한 벤처, 이노티브

사실 미국에서 나는 유학생들처럼 죽자 사자 공부한 것은 아니었다. 더구나 학업이 절실해서 간 것도 아니었고, 귀국 후 뚜렷한 계획 역시 없었으니 공부하는 분위기가 쉽사리 잡힐 리 만무했다. 강의실에서 메모는 많이 했지만 예습과 복습을 소홀히 했다. 게다가 귀여운 첫 손자를 보는 재미 그리고 현지에서 성공한 외과의사(이영은 박사) 친구 부부(우리 부부와 그 친구 부부 모두가 고등학교 및 대학교 동기동창이었다.)가 있었으니 더욱 그랬다. 그 친구는 아끼는 벤츠 자동차까지 1년 동안 빌려주는 등의 호의를 베풀었다. 그 같은 여유와 최고의 생활여건을 만끽하면서 강의에 집중하기란 쉽지 않았다. 다만 후일을 대비하여 강의자료와 참고문헌 자료는 잘 챙겼다. 그때 내가 관심을 가졌던 것이 엔젤(Angel) 투자였다. 무엇보다 직접 창업을 하지 않고도 전문지식과 경험 그리고 인맥을 활용하여 벤처기업을 돕고 일정한 관계를 유지하면서 벤처의 성공에 기여할 수 있다는 것이 아주 큰 매력으로 다가왔다.

20세기가 저물어 가던 어느 일요일 오후, 집으로 전화가 걸려왔다. 모르는 사람이었다. 그는 한국에 있는 문광순 박사(현 한림원 정회원)의 소개로 전화했다며 자신을 소개했다. 문 박사는 나의 오랜 친구로 캐나다 국립연구소에 근무 중 1991년에 한국에 와서 나를 포함한 지인의 도움으로 한국계면공학연구소(KISEI)를 만들어 운영하고 있었다.

그 사람은 나를 꼭 만나고 싶다고 했다. 밴쿠버 세미나에 참석하고 토론토 집으로 돌아가는 길인데 샌프란시스코 공항에서 당장 만날 수 있냐고 물어 왔다. 문 박사의 소개도 있고 해서 나는 공항으로 나갔다. 그는 월남 출신으로 전쟁 중 일본의 명문 교도(Kyoto) 공과대학에서 전자공학을 공부하고 캐나다에서 살고 있는 하오 레(Hao Le)라는 사람이었다. 그 자리에서 하오 레는 자신이 화상(Image)자료를 고속으로 보여주는 고급 브라우징(Browsing) 기술을 가지고 있다며 노트북으로 데모를 보여주었다. 아주 적극적이었다.

"음 사장이 경영을 맡아준다면, 한국에서 창업할 수 있다." 는 문 박사의 말에 고무되어 나를 설득하러 온 것이었다. 하지만 나는 그의 데모와 설명만 듣고는 그 기술에 대해 어떤 판단도 할 수가 없었다.

그날 저녁 문 박사가 전화로 그 기술이 아주 독보적이고 장래성이 있으니 사업화 해 보자는 의견을 내놓았다. 나만 뜻을 같이 하면 이 회사에 투자하겠다는 또 다른 투자자로부터 이미 언질까지 받았다고 했다. 뿐만 아니라 KISEI 이름으로 하오 레가 가지고 있는 상품(Visible Human Explorer VHE)과 기술의 국내 영업권을 확보해 놓았으며, 전문가에게 데모를 보여주고 전망이 좋은 신기술이라는 평가도 받아 놓은 상태였다. 무엇보다 당시 국내에서는 정보기술을 이용한 벤처창업 열기가 최고조에 달한 시점이었으니 시기적으로도 적절했다. 나는 문 박사로 하여금 그 기술에 대하여 권위 있는 전문기관의 테스트를 더 받아 보도록 했다.

그리고 며칠 후 정보통신부 간부에게 기술에 대한 평가를 부탁했는데 '아주 우수한 기술이다' 라는 답을 들었다고 전해왔다. 그 공무원은 이 기술을 이용해서 응용 프로그램을 개발하는 것이 좋겠다는 의견과 함께 전자통신연구원(ETRI)을 소개해 주었는데, 그곳에서도 아주 긍정적인 반응이 나왔고 ETRI 측과 응용기술을 공동으로 개발할 수도 있다는 것이었다. 나는 정보기술 부문에 아는 바가 별로 없었으나 공신력 있는 전문기관에서 그런 판단을 했다면 사업성이 있는 기술일 것이라는 생각이 들었다.

  이 기술의 개발 뒤에는 사연이 있었다.

  하오 레가 일본에서 IT기술을 공부하고, 캐나다의 환경청 연구소에서 일하고 있을 때였다. 그곳 연구소는 지구환경 관련 연구를 하면서 인공위성에서 촬영한 사진자료를 많이 보유하고 있었다. 그런데 그 많은 대용량 자료를 열어보는 데 시간이 오래 걸리고 비용도 많이 들었다. 따라서 인공위성 사진을 손쉽게 볼 수 있는 효율적인 디스플레이 기술이 절실했다. 바로 그 필요성에 착안한 하오 레가 개발을 한 것이다. 그 기술을 이용하면 1초당 16화면이 넘어가도록 고속으로 띄우면 동영상이 되었다. 테스트 결과 위성사진 8561장(892MB)을 모두 보는데 2분여밖에 걸리지 않았다. 당시로서는 획기적인 고속 브라우징 기술이었다. 그 기술을 최초로 응용한 곳은 미국의 보스턴 의과대학이었다. 그곳에 있는 대용량의 인체 단면 영상 데이터를 고속으로 보여주는 응용기술을 개발해 사용하고, 그 자료를 CD로 만들어 대학 및 박물관 등에 판매하고 있었다. 하오 레는 가능성을 보고 토론토에 FII(Flashback Imaging Inc.)라는 회사를 설립, 직접 운영에 들어갔다. 그런데 시장은 제한되어 있는 반면, 막대한 마케팅 비용이 들어가야 했다. 뿐만 아니라 고객의 요구에 따라 수정 보완해야 하는 일이었기 때문에 인력도 많이 필요로 했다. 사실상 하오 레로서는 감당하기 어려운 일이었던 것이다. 그러던 차에 문광순 박사와 줄이 닿게 된 것이다.

FII의 한국대리점으로 활동을 시작한 KISEI는 삼성서울병원, 성균관대학 및 몇 곳의 박물관에 VHE를 판매했다. 그러나 기왕이면 본격적으로 해보자는 취지에서 2000년 1월 문 박사와 함께 토론토를 방문하여 FII 주식을 50만 달러에 모두 인수한다는 조건에 합의했다. 하오 레가 성실한 기술자이고 몇 가지 확실한 실적이 있다는 점도 크게 작용했다. 이어서 2000년 3월에는 한국에 회사(Flashback Imaging Corp. 후에 이노티브로 변경)를 설립했다. CEO는 내가, 하오 레는 기술책임(CTO)을 맡기로 했다. CTO로 하여금 적극적인 역할을 보장받기 위하여 매각 대금 50만 달러 중에서 20만 달러는 신설 회사의 지분(10퍼센트)을 인수하는 조건을 붙여 합의를 마쳤다. 최종 계약은 그 해 5월 미국에 거주하는 동안 캐나다를 방문해서 종결했다.

신설회사의 자본금은 6억이었고, 문광순 박사 등 KISEI 이사 네 사람이 모두 대주주로 참여했다. 그것이 이노티브의 출발이었다.

이즈음 이노티브는 이미 정보통신부의 도움을 받아 한국전산원(현 한국정보화진흥원)으로부터 우리의 영상처리기술을 응용하는 데 필요한 '브라우저 모듈'(Browser Module)의 개발용역을 받아 성공적으로 완료했다. 그 해 말 정보통신부가 IT산업의 발전을 위해 공모한 '차세대 인터넷 응용기술 발굴사업'에 응모한 결과 '멀티미디어 디지털신문 브라우징 서비스 개발' 과제가 선정되어 2년에 걸쳐 적지 않은 금액의 정부출연금을 지원받게 되었다. 회사 안에서는 '우리 기술이 정말 인정을 받는구나.' 하는 흥분된 분위기였다. 우리가 개발한 브라우징 기술은 곧 동아일보, 한국경제신문, 조선일보 등에 공급되었다. 그때는 모두 PDF 방식을 이용한 인터넷 신문보기 서비스를 제공하고 있었는데, 우리 기술은 고유의 포맷(IPQ)을 이용해서 실시간으로 화질을 유지하면서 동영상까지 볼 수 있도록 한 획기적인 기술이었다. PDF 방식은 페이지마다 클릭을 해야 하지만 우리 기술은 신문의 모든 페이지를 동시에 띄워놓고 원하는 페이지를 불러 올 수 있었다. 하지만 이 기술에 대한 국내시장이 크지 않아 수익성은 미미했다.

이 시기에 중요한 고객은 MBC였다. 당시 MBC는 조간신문 해설 프로그램('피자의 아침')에서 여러 신문을 벽에 붙여놓고 그것을 카메라로 잡아 보여주고 있었다. 그런데 우리는 신문을 미리 PC에 옮긴 다음 터치스크린 (Touch Screen) 방식으로 신문을 보여주는 새로운 방송기술을 선보인 것이다. 카메라 방식에 비하면 우리 기술은 그야말로 크게 앞선 신 방송기술이었다. 생방송이라는 어려움은 있었지만 결국 성공적으로 사용할 수 있었다. 요즈음은 터치스크린이 보급되면서 이러한 양방향 디스플레이 (Interactive Display) 방식이 광범위하게 쓰이고 있다.

그때 또 좋은 기회가 찾아왔다. 당시 일본의 후지(Fuji) TV는 MBC와 업무제휴를 맺고 있었는데, 마침 후지 방송국의 고위 간부가 한국을 방문했다가 MBC의 조간신문 해설 프로그램을 보고 우리 회사를 방문했다. 그리고 그 자리에서 후지 TV 간부는 우리 기술을 '처음 보는 첨단 방송기술'이라며 영상처리기술을 일본에 도입해 보겠다는 계획을 밝혔다. 마침 일행 중 하오 레의 교도(Kyoto)대학 동창이 있었던 터라 인간적인 신뢰감까지 더해졌다. 얼마 후 일본 후지 TV로부터 기술도입은 물론 일본 내의 독점판권

이노티브, 영상기술 日 수출

도쿄 = 전호림 특파원

국내 벤처기업이 일본 굴지의 언론매체와 투자신디케이트그룹과 협상끝에 핵심기술을 수출했다.

디지털 영상처리 소프트웨어 개발업체인 이노티브는 후지TV와 산케이신문의 모기업인 후지TV네트워크사에 영상데이터 초고속 디스플레이 기술(브라우저)에 대한 일본내 독점사용권 계약을 28일 도쿄시 内 후지TV 본사에서 체결했다.

이로써 이노티브는 기술사용료 선급금과 응용소프트웨어 개발 용...

본문 의견·제보
info@mk.co.kr

을 가져가겠다는 제안을 받았다. 몇 차례 협상 끝에 후지 TV와 정식으로 라이선스 계약을 상당한 금액을 받고 체결하게 되었다. 당시 계약 체결 내용은 일본과 한국의 언론에서 크게 보도하기도 했다. 후지 TV와의 계약을 계기로 월남에 개발센터를 설립하고 그곳 월남 기술자가 순차적으로 한국에 근무토록 했다. 때마침 말레이시아 정부가 신설한 창업투자회사(MAVCAP)와도 연결되어 어렵사리 200만 달러의 투자를 받았다. 사실 MAVCAP의 투자 이전에 체이스 맨해튼 투자그룹에서 투자제안(Term Sheet)을 받았다. 우리 회사 지분 30퍼센트를 600만 달러에 인수하겠다는 것이었다. 그러나 미국의 벤처버블이 급격히 꺼지기 시작하면서 성사되지는 못했다.

이 같은 계약들과는 별도로 회사는 회사대로 외국의 고객을 찾아 영업활동을 적극적으로 전개해 나갔다. 그 결과 중국의 드래곤 텔레비전 방송국, 말레이시아의 국영통신사(TMNet), 유럽의 그랜드 미디어 그룹, 캐나다의

캔웨스트(CANWEST) 미디어 그룹 그리고 파나소닉(Panasonic) 미국법인 등 큰 고객과 거래관계를 맺어 갔다. 2004년에는 CBS의 미국 대통령 선거 결과 발표 프로그램에 우리 기술이 들어가 큰 호평을 받았다. 이 중 북미의 사업은 캐나다 법인(Innotive International Inc. INI) 대표인 Le 부사장과 홍콩 출신 기술책임자 라우(Lau)가 주도적으로 운영해왔고, 대량 판매를 약정한 파나소닉 PDP 전용 소프트웨어 개발에 많은 시간과 비용이 들어갔다. 이즈음 MAVCAP 측 간부의 부당한 경영간섭이 잦아지고 약정된 투자 잔금의 불입을 늦추면서 우리 창업주주가 받아들일 수 없는 조건을 제시하며 압박해왔다. 이는 자금조달의 차질로 이어졌다. 결국 이 과정에서 MAVCAP 측의 회유를 받은 하오 레 부사장이 사퇴하면서 이노티브는 독자적인 길을 가게 되었다.

그 후 회사의 감사로 있던 임원(김호민)이 중심이 되어 2006년부터 새로운 경영진을 구성하여 지금까지 원만하게 운영하고 있다. 그때부터 나는 경영에는 관여하지 않고, 사실상 주주대표로서의 역할만 하고 있다. 이노티브가 출범한 지 올해로 9년째다. 벤처기업으로서는 나름대로 짧지 않은 생명력을 유지하고 있는 것이다. 이노티브는 요즘 보안카메라(CCTV)가 잡은 영상자료를 효과적으로 관제하는 이노워치(InnoWatch)라는 제품에 초점을 맞추고 있다. 향후 큰 발전이 기대되는데, 근래에는 송도 신도시의 65층 아파트 단지에 납품, 설치된 640여 개의 감시카메라 영상을 성공적으로 지원하고 있다. 또한 현대자동차 조지아 공장의 생산라인에 설치된 모니터 전체를 제어하는 시스템을 납품하여 제조업체 진출에도 발판을 마련하게 되었다. 최근에는 현대제철에도 이노워치시스템을 납품하고 있다.

그 동안 수많은 난관도 있었고, 국내외의 여러 기관이나 고객기업들로부터 격려와 도움을 받기도 했다. 아직 큰 성공을 한 것은 아니지만 늦은 나이에 벤처사업에 뛰어들어 나름대로 선전했다고 본다.

무엇보다 이노티브는 나에게 새로운 도전이었다. 현대에서 떠난 것이 내 인생의 끝이 아니었다는 점 그리고 첨단 IT 분야에 들어가서, 새로운 사업을 통해 새로운 시도를 하게 되었고 관련업계에 투자할 기회도 갖게 되어 엔젤투자자로서의 역할도 맛 볼 수 있게 되었다는 점에서 보람을 갖는다. 나이가 들어가도 벤처기업과의 인연은 당분간 더 지속될 것이고 투자분이 회수되는 시점에는 새로운 가능성을 살펴보겠다는 의지도 갖고 있다.

에 필 로 그

나의 삶, 나의 여정

나는 전형적인 서울 토박이다. 선대부터 서울 한복판 종로 관철동에서 포목점을 하던 집안이었다. 할아버지가 관철동에서 분가하여 종로 4가에 터를 잡았고, 아버지는 그곳에서 외아들로 태어났다. 어머니는 경기도 광주 남한산성 안 산성리 중농 집안의 맏딸이었다.

당시 서울 4대문 안쪽에 사는 중인들의 혼인 관습 중에 하나가 서울 외곽 지역에서 며느리 감을 찾아오는 것이었다. 시골에 사는 사람들은 '서울에 올라가' 사는데 대한 동경을 품고 있었고, 서울 사람들은 지방의 여유 있는 집안에서 며느리 감을 골라오는 것이었다. 특히 전란이 자주 일어나는 시절이라 한쪽은 피란처 겸 양식 조달처를 마련할 수 있고 다른 한쪽은 '서울 양반'과 사돈을 맺을 수 있었으니 상호보완이 되는 관계였던 것이다. 이렇게 서울로 뽑혀온 새색시는 대체로 용모가 단정하고 부지런했다. 하지만 외아들인 우리 아버지와 결혼한 어머니는 시집올 때의 기대와 달리 고생을 많이 하며 살았다. 소위 대동아 전쟁시절이라 넉넉지 못한 형편에 일찍 혼자되신 시어머니와 시누이 셋이 한 집에 살았다. 더구나 전쟁 중이라 배급제가 되면서 가업으로 해 오던 포목점은 휴업상태였고 넉넉한 집안에서 자라며 일이라고는 거의 해 본 적이 없었으니 시집살이가 오죽했으랴. 아버지는 해방과 더불어 고모부가 운영하는 피혁공장(현 KCC 수원공장자리)에서 일했다. 아버지가 춘천으로 원피를 사러 갔다가 6.25 동란이 터져 3일 만에 험한 산길을 따라 창신동 집으로 돌아왔는데 구두바닥에 난 큰 구멍이 지금도 눈에 선하다.

당시 나는 창신초등학교 5학년이었고 남동생과 여동생이 하나씩 있었다. 서울 수복이 되기까지 3개월 동안 학교도 못 가고 우리 집에 숨어 있는 친척 2명과 함께 살았고, 서울탈환을 앞두고 터진 대규모 폭격을 피해 이웃집에 숨어 있다가 그 집이 직격탄을 맞아 식구가 몰살될 뻔하기도 했다. 이듬해 중공군의 공세(1.4 후퇴)를 피해 우리는 가까운 친척과 함께 셋째 고모의 시댁이 있는 말죽거리와 작은 할아버지 댁이 있는 수원으로 갔다가 그 곳 방앗간에서 양식을 마련하여 계속 남쪽으로 쫓겨 내려갔다. 전선이 남으로 확대되자 아버지는 성환 근처에서 헤어져 먼저 남하했고 우리 일행은 충남 아산군 배방면 중리 골짜기까지 피난을 가서 어느 농가의 문간방에 임시 거처를 잡았다.

전쟁이 길어지면서 흩어져 있던 피난민들이 배방초등학교에 집단으로 수용되어 식량 및 미국에서 보내온 옷가지 등 구호물자가 배급되었다. 그로부터 얼마 후에는 온양온천에 장을 보러 나갔던 어머니가 가족을 찾아 나선 아버지를 극적으로 만나 함께 수용소로 돌아왔다. 아버지는 다시 수원공장으로 갔고 우리는 곧 서울로 돌아갈 것으로 믿었다.

당시 동생과 나에게는 산으로 들로 놀러 다니거나 땔나무를 하러 가는 것이 가장 중요한 일과였다. 그런 사이에 2년 이라는 세월이 훌쩍 지나가버렸다.

우리가 서울 집으로 돌아온 것은 피난간지 3년만이었다. 서울에 올라와 불에 탄 집을 고치느라고 등교를 늦추다가 동대문초등학교(후에 을지초등학교로 개명)에 복학했다. 그때가 6학년 1학기가 거의 끝나갈 무렵이다.

중학교는 용두동에 있던 서울사대 부속중학교를 들어갔는데, 학비가 싼 데다 특차로 입학시험을 본다하여 연습 삼아 응시한 시험에서의 합격이었다.

당시 사대부중은 과외활동이 필수였는데 나는 럭비부에서 활동했다. 특별히 운동에 소질이 있어서라기보다는 나이가 많아 몸집이 비교적 큰 탓에 선배선수로 부터 징발된 것이었다. 럭비부는 경성사범시절부터 명성을 날리던 팀이었는데 유니폼은 세계최강의 뉴질랜드 국가대표팀인 **All Black**의 유니폼 색과 같은 검정색이었다. 내 포지션은 9번 스크럼 하프(미식축구에서 쿼터백)였는데 선배들의 기대에는 못 미쳤으나 팀워크와 고된 훈련 덕분에 전국체육대회 준우승을 거머쥐기도 했다. 숙적인 배재중을 꺾었을 때는 지기만 하던 선배들이 더 좋아서 환호를 올리던 기억이 생생하다.

여름방학을 이용해 합숙훈련을 할 때는 교실 마루바닥에서 잠을 자고, 식사는 서울 안암동의 명물인 곰보추탕에서 했는데, 우리 선수 중 한 명이 그 집 아들인 덕분이었다. 그때 영양보충 하나는 제대로 하지 않았나 싶다. 다른 학생들에 비해 철이 일찍 들어선 탓이었는지 성적은 비교적 좋은 편이었는데 2학년 기말고사 성적이 기대 이하였다. 성적표를 자세히 보니 기하 과목이 문제였다. 300점 만점을 200점 만점으로 잘못 계산하여 100점이 날아간 것이었다. 반에서 우등상이 한두 명 겨우 나올 때였는데, 나로서는 억울한 노릇이었다. 나는 바로 담당 수학 선생님을 찾아가 내용을 설명했다. 다행히 성적표는 곧바로 수정되어 평균이 90점이 넘게 되었다. 그리고 우등상장과 대학노트 10권까지 부상으로 받았다. 하지만 전교 남녀학생 앞에서 상장을 받고 박수를 받을 기회를 놓친 것이 못내 억울하기만 했다.

그래도 고등학교에서는 반장과 학생 대대장(학도호국단)을 하면서 중학교에 비해 활발한 학교생활을 한 편이다. 과외 활동도 열심히 했다. 특히 '기독학생회'에 들어간 것은 내게 행운이었다. 우리 동네에 있는 '동신교회'를 다녔던 터라 자연스레 들어가게 되었다.

사람에게는 어떤 형태로든 인생을 결정짓는 중요한 계기가 있게 마련인데, 내가 기독학생회에 들어갔고 그 연고로 스코필드(Frank W. Schofield) 박사를 만나게 된 것이 그런 것이 아닌가 생각된다. 캐나다 국적의 스코필드 박사는 3·1 독립운동을 적극 지지하다가 일제에 의해 출국 당하고 해방과 더불어 서울대학교 교수로 복귀해 강의 중이었다. 스코필드 박사가 동숭동 교수 관사에서 성경공부를 지도하고 있었는데, 이 Bible Class에 나도 들어가게 되었고, 이때 익힌 영어는 나의 사회생활에 큰 영향을 미쳤다.

그 시기에 나는 농촌 계몽활동에도 적극적으로 참여했다. 심지어 고등학교 3학년 입시준비를 해야 하는 여름방학 동안 2주일에 걸쳐 태안반도 벽촌으로 농촌계몽활동을 가기도 했다. 당시 담임선생님은 그런 사실에 '우

'기독학생회'와 스코필드 박사는 나의 사회생활에 큰 영향을 미쳤다.

리 반은 반장부터 입시준비에 성의가 없다'며 불만스러워했다. 그때는 모의고사 결과를 1등부터 말석까지 복도에 길게 붙여놓고 경쟁을 독려하던 시절이었다. 그러나 나는 입시준비에 몰입하기 보다는 주변의 여러 사람들과 원만한 관계를 유지하며 다양하고 폭 넓은 활동에 더 흥미를 가졌다.

대학 학과를 결정할 때, 담임인 최식근 선생님은 사범대학을 권했다. 하지만 나는 진로의 제약이 비교적 없는 과가 좋겠다고 생각해서 상과대학을 택했다. 그때 12명의 동기가 상대에 합격했다. 당시 서울 사대부고 360여 명의 남녀졸업생 중 100 명 이상이 서울대학교에 입학한 것으로 기억된다. 대학입학식을 끝내고 강의가 막 시작될 무렵에 4·19를 맞았다. 우리도 어깨동무를 하고 종암동에서 광화문까지 뛰어나갔지만 사실상 자신의 판단과 신념보다는 분위기에 휩싸여 선배들을 따라 뛰쳐나간 것이었다. 다른 사람은 모르겠지만 나는 그랬다. 도서관에서 공부에 열중하는 사람도 적지 않았다. 시청 앞에 다다르니 광화문 네거리는 이미 학생들로 가득 차 있었다. 총상을 입고 피를 흘리는 사람을 여러 명이 머리 위에 들고 뛰어가는 모습도 보였다. 이 학생운동의 여파로 일부 원로 교수들은 학교 운동장으로 끌려 나와 인민재판 식 공개 비판을 받기도 했고 자택에 몰려 온 학생들에

서울대학교 상과대학 동기생들과는 지금도 돈독한 관계를 이어가고 있다.

게 공개적으로 곤욕을 당하기도 했다. 진보성향의 일부 과격한 학생들이 주도하는 충동적이고 독선적인 집회라는 느낌을 지울 수 없었다.

곧이어 자유당 정권이 몰락하고 총선거가 실시되었다. 그때 나는 고등학교 때 숙식을 함께하며 생활했던 친구 아버지의 선거운동을 도운 일이 있었다. 친구의 아버지는 경성사범 출신의 변호사로 2군사령부 법무참모였다. 제대하고는 경북 의성에서 출마를 했는데, 그때 우리에게 도움을 요청한 것이다. 4·19 혁명 직후여서 나름대로 대학생들의 발언권이 먹혀 들어갈

농촌계몽운동을 명분으로 친구 아버지의 선거운동을 했지만 도움은 되지 못했다.

것이라고 생각한 모양이었다.

요청을 받고 고등학교 동창 10여 명을 모아 농촌계몽운동을 명분으로 현지에 내려갔다. 하지만 우리는 대중 집회에서 누구를 찍어달라는 확실한 얘기는 한마디도 하지 못했다. 대학에 갓 입학한 서생들이고 보니 순진하기만 하고 현실정치에는 문외한이었던 탓이었다. 그렇지만 지역유지들의 반응은 사뭇 진지했다. 우리는 거의 매일 이동하면서 그곳 면사무소의 숙직실을 이용했는데, 면사무소 직원들까지 숙식비를 보조해 주는 등 친절하게 대해 주었다. 아마도 옛날로 말하자면 경성제대 출신들이 그곳 시골까지 내려와 모두 같은 제복(검은 베레모, 흰 와이셔츠, 감색 교복바지) 차림으로 계몽활동하는 모습에 다소 긴장한 눈으로 보았던 듯싶다. 그러나 친구 아버지는 아쉽게도 낙선되고 말았다. 우리가 별 도움이 되지 못한 것이다.

학훈단 장교 (ROTC) 후보생이었던 나는 1964년 대학졸업과 함께 소위로 임관했다. 그리고 임관 후 동래에 있는 병기학교에서 교육을 마칠 즈음 2군사령부 병기참모부에서 나를 찾아왔다. 참모부에 통역장교가 필요해서 적임자를 차출하러 왔다는 것이었다. 같은 부대에 있던 동료들이 나를 추천한 모양이었다. 그래서 대구의 캠프헨리(Camp Henry)에 위치한 미 군사고문단(KMAG)으로 파견되어 연락장교로 근무하게 되었다. 근무 위치는 미 군사고문단 사무실이었는데 미국 병기병과 군인들과 함께였다. 그것이 나의 예비 사회생활이었다.

미군부대 내의 독신자 숙소에서 자고, 세 끼를 전부 양식(洋食)으로 먹을 수 있었으니 먹고 살기도 어려웠던 1960년대에 그것은 분명 호사스러운 행운이 아닐 수 없었다. 더구나 미 군용열차와 서울, 부산 등지에 있는 미군 숙식시설을 이용할 수 있었으니 혜택이 이만 저만한 것이 아니었다. 제대를 앞두고 서울 영등포에 위치한 6관구 병기참모부에 전근되어 근무할 때도 군사고문단과 함께 활동하는 등 나의 군 생활기간은 비교적 여유로웠다.

그 시기는 이미 월남전이 시작되어 한국군의 월남 파병이 진행되고 있었다. 당시 현대건설은 태국 고속도로 건설에 참여하고 있었다. 그때가 1965년이었는데 1966년 초, 제대를 앞둔 나는 월남근무에 관심이 있어 같이 근무했던 고문관을 통해 월남에 나갈까 생각하기도 했다. 그러던 참에 현대건설 사원모집 광고를 본 것이다. 특별히 건설업에 관심을 가졌던 것은 아니지만 당시만 해도 해외에 사업장을 가지고 있는 유일한 기업이 현대건설이었으므로 해외근무 기회를 잡고자 입사지원을 했다. 바로 그것이 운명을 바꾸었고, 나와 현대의 첫 만남이 되었다.

월남을 다녀온 후 1968년 9월, 정주영 사장 비서실에 근무하는 기간에 결혼을 했는데 아내는 중학교, 고등학교, 대학교 동기동창으로 오랫동안 교제해 온 사람이었다. 비서로 일한 지 얼마 되지 않아 결혼을 하는 바람에 같이 일하는 직원이나 정 사장에게 미안한 생각도 없지 않았지만 정주영 사장은 내 결혼식에 링컨 컨티넨털 자가용까지 내주며 축하해 주었다. 그때만 해도 서울 시내에 그처럼 큰 외제 승용차가 몇 대 없을 때인데, 군사정부에서 수출 진흥책의 하나로 외화를 많이 벌어들인 업체에 한하여 그런 외제차를 수입할 수 있도록 특혜를 주던 시절이었다. 그 차를 타고 혜화동 성당을 출발하여 남산 팔각정에 올라가서 사진을 찍고 북한산 자락에 있는 그린파크 호텔에서 일박하고 제주도로 신혼여행을 갔었다.

아내와의 인연은 참으로 길고 단단했다. 아내와 가까워지게 된 것은 고등학교 때 기독학생회에서였는데, 그 서클 모임은 대학 때까지 이어졌다. 두 사람이 가까워진 계기는 아내의 부친이 돌아가시고 나서였다. 내가 서클을 대신해서 친구와 함께 조문을 가서 위로의 말을 건네고 후에 편지를 몇 번 주고받으면서 가까워진 것이다. 아내는 서울대 가정과를 다녔는데, 같은 과에 고등학교 동기들이 제법 있었다. 그래서 그들이 우리 두 사람의 관계를 눈치챌까 봐 가명으로 편지를 보내기까지 해서 대외비(?)로 만났다.

이후 아내는 졸업 후 부산진 여고로 교사발령을 받았는데, 공교롭게도 나 역시 병기장교로 임관하여 부산 동래의 병기학교에 입교했다. 결과적으로 내가 부산으로 뒤쫓아간 격이 된 것이다. 인연이 부산까지 이어지면서 아내는 부대로 나를 면회 왔고, 나와 함께 교육받던 대학동기들에 의해 소문은 순식간에 번져나갔다. 이후 대구에서 연락장교로 있으면서도 종종 부산을 오가며 만남이 잦아졌다. 객지생활을 하는 처지로서 알게 모르게 서로에게 의지하고 있었던 것이다. 이른바 항도의 여교사와 육군 소위의 로맨스였다.

1년 후 3월 초에 아내가 서울 계성여고로 전근을 오게 되었고 나도 바로 서울 영등포에 있는 6관구로 전보되었는데, 영등포에는 마침 아내의 집이 있었다. 지금은 서로 쫓아왔다고 농담을 주고받지만 그것은 분명 두 사람의 끈질긴 연분 때문이었을 것이다.

그런데 내가 현대건설에 입사한 후 아내가 긴장할 일이 생겼다. 내가 월남 건설현장으로 발령을 받았기 때문이다. 서로 말은 하지 않았지만 둘 다 직장도 있었고 나이도 차니 결혼을 진지하게 고민하는 시기이기도 했다. 월남 출국을 열흘쯤 앞두고 있던 어느 날, 평소 자주 만나던 퇴계로 향로봉이라는 다방에서 커피를 마시고 우리는 소공동에서 신세계백화점 쪽으로 걷고 있었다. 그런데 아내가 갑자기 내 팔을 잡아끌고 어느 건물 안으로 들어갔다. 유명한 허바허바 사진관이었다.

"아니 이거 사진관 아니야? 갑자기 사진은 무슨……?"

"아무 소리 말고 가만있어 봐."

목소리가 단호했다. 그렇게 얼떨결에 찍은 사진 한 장을 출국 선물로 받았다. 그리고 그 사진이 결국 운명의 약혼 증명사진이 되었다.

며칠 후 나는 마침내 월남행 에어 프랑스에 올랐다. 그곳 캄란 주택공사 현장에서도 편지를 주고받으며 나는 공식적으로 임자 있는 몸이 되어 있었다. 무엇보다 먼 이국땅에서 주고받는 편지는 인연의 고리를 더욱 단단하게 만들어 주었다. 그때 PX에서 아내에게 선물할 다이아몬드 반지까지 산

월남 출국 전 얼떨결에 찍게 된 운명의 사진이다.

것을 보면 마음속으로는 이미 결혼을 생각하고 있었던 것 같다. 본사로 복귀하고 얼마 후 장모님 되실 분을 찾아가서 청혼을 했다. 우리 쪽은 할머니를 비롯해 부모님 모두 대 찬성이었다.

아내는 맏며느리로 시집와서 모두 다섯이나 되는 시동생을 잘 이끌고 시부모를 잘 모셔 집안을 사실상 일으켜 세웠다. 또한 내가 회사 일에 전념할 수 있도록 도와 준 일등공신이다. 울산으로, 용인으로, 그리고 수도 없이 해외로 떠도는 동안 아내는 가정의 중심을 잘 지켜주었다. 아내는 성품이 아주 여리고, 상대방에게 무조건 양보하는 편이어서 집 안팎에서 주위사람들을 편하게 해준다. 우리 형제와 가족이 모두 늘 건강하고 화목하게 살 수 있는 것도 그런 아내의 성품과 노력이 있었기에 가능했다. 지금도 아내는 성경공부를 지도하면서 성당활동에도 열심이다. 아내는 부모가 모두 경남 창녕 출신이지만 서울에서 태어났다. 큰 처남이 시인 조창환 박사(아주대 교수)이고, 둘째 처남은 조봉환 박사(국민카드 대표이사 역임)다. 배창호 영화

감독이 이종사촌이다.

두 아들도 잘 커서 나름대로 자신들의 전문분야에서 인정받고 있을 뿐만 아니라 좋은 배필을 맞아 두 며느리 역시 남편 못지않은 전문인으로 활동하고 있다. 큰아들은 서울대학교 대학원을 졸업하고 맥킨지 컨설팅 등을 거쳐 현재는 미국에서 벤처투자회사(Capital Links)를 공동으로 창업, 운영하고 있다. 하버드대학 경제과를 졸업한 큰 며느리는 아들과 스탠퍼드 경영대학원(GSB) 동창으로 현재는 페이 팔(Pay Pal) 임원으로 근무하고 있다. 작은 아들도 남캘리포니아 대학(USC)의 에넨버그 스쿨에서 석사과정을 마치고 네이버(NHN) 게임개발실장을 거쳐 지금은 게임제작회사(Vertigo Games)를 공동창업해서 운영하고 있다. 둘째 며느리도 아들과 대학원 같은 학과 동기동창인데, 현재 마이크로소프트의 서울 사무실에 중견간부로 근무하고 있다. 그리고 보면 나를 포함해서 우리 아들 부부까지 모두가 동창생 부부이고 또한 벤처 관련 기업에 근무하고 있는 공통점이 있는 셈이다.

지금 돌이켜 생각해 보면 나는 지금까지 많은 분들의 도움을 받고 살아왔다. 그리고 치열했던 산업시대를 이끌어 온 현대에 근무하면서 폭주하는 회사 일에 몰입할 수 있었다. 늘 맡은 일에 최선을 다하고 원칙을 지키며 올바른 자세로 살려고 노력했다. 빠른 승진은 내가 추구한 바가 아니었고 다른 생각 없이 열심히 일한 결과였다. 내가 그런 결과를 낸 데는 서울 토박이들의 중용을 지키는 생활양식도 영향을 끼쳤다고 생각한다. "경우가 없는 사람" "염치를 모르는 사람"을 거부하는 분위기 속에서 자란 덕분일 것이다.

나는 건강한 몸과 모나지 않은 성품을 부모로부터 물려받아 큰 덕을 보았다. 그리고 일찍이 교회에 다니면서 서구문물에 눈을 뜨게 되었고 남보다 앞서 외국어 능력을 키울 수 있었던 것도 행운이었다.

나는 늘 새로운 분야에 흥미를 느낀다. 당시 대학동창들 사이에 별로 관심을 끌지 못했던 건설회사에 해외근무 기회가 있다는 것 하나만 보고 입사했다. 당시에는 현대도 사채로 자금을 조달하고 월급이 늦어지는 일도 흔히 있었다. 하지만 현대에 입사하면서 대한민국의 고속성장을 이끈 현대그룹의 일원으로 보람찬 직장생활을 할 수 있었다.

그리고 11년간의 최고경영자 생활을 원만히 끝내고 내 스스로 물러났다. 더 욕심을 부리지 않은 내 자신을 감사하게 생각한다. 지족불욕이요, 지지불태(知足不辱 知止不殆 족함을 알면 욕됨이 없고, 멈출 줄 알면 위험이 없다)라했던가. 이제 앞으로 내가 할 일은 그다지 많지는 않을 것이다. 하지만 내가 창업해서 경영해 온 이노티브가 아직 존속하고 있으니, 또 기회가 되면 신생 벤처기업에 투자해서 성장하는 것을 도우며 지켜보고 싶다. 또한 현재 내가 소속해 있는 여러 단체나 모임에도 기여를 하면서 좋은 구성원으로서 남들에게 부담 주지 않는 인생이고 싶다.

현대종합상사 퇴직자 모임인 하이코(Hycor) 클럽, 초창기 런던지사 출신 모임인 브롬프턴(Brompton) 클럽, 현대조선 출신 모임인 미포산우회, 현대목재 출신들의 리바트회 그리고 서울상대 동기생들의 친목 모임인 소목회 그리고 대학과 고교 10년 동문 모임인 선우회는 모두 모임 태동기부터 창설멤버로 참여해 우의를 다지며 교분을 나누고 있다. 물론 이외에도 사적 모임과 개인적으로 흥미를 느끼는 분야도 적지 않으니 내 인생 스케줄은 지금도 바쁘다. 한평생 살면서 아쉬움이야 없을 수 없겠지만, 그런대로 떳떳하고 넉넉하게 살아 온 인생이 아니었을까 싶다. 그래서 오늘까지 살아오면서 만난 모든 사람들에게 감사하는 마음이다.

현대 런던지사 출신 모임인 브롬프턴 클럽(영국대사관저에서)
:이영기, 오창석, 권종기, 이정상, 김택호, 한종서, 스티븐스 영국대사 황성혁, 음용기, 유상원, 최하경, 김 상무관, 황영엽, 김건석, 조윤환, 정재영, 김영화, 윤종국

맺 는 말

지난 날을 회고하는 일, 더 나아가서 그것을 정리하는 일은 더 어려운 일이라는 것을 실감한 지난 1년 반이었다. 다행히 2005년 현대종합상사 퇴직자 모임인 HYCOR CLUB 회원이 중심이 되어 『길이 없으면 길을 닦아라』라는 책을 펴냈던 경험이 큰 도움이 되었다. 이 책은 해외시장개척에 참여한 필자들이 현지에서 각자 겪은 사례를 모아 엮은 책인데 독특한 내용과 형식 때문에 비교적 좋은 평을 받았었다. 아울러 출판을 위해 조언을 마다하지 않은 '이야기꽃' 임순철 대표의 도움도 큰 힘이 되었다.

지난날을 정리하면서 무엇보다 '사실'에 중점을 두었다. 때문에 자세한 기록이 부족한 현실을 극복하기 위해 기억을 되살리고 오래된 메모노트와 각종자료를 통해 확인하고, 다시 정리하는 과정을 여러 번 되풀이해야 했다. 특히 모든 이야기가 실제 있었던 일들이었기에 소위 6W(when, where, who, how, what)를 확인하는데 의외로 많은 시간이 소요되었다. 이 과정에서 현대그룹 각

사가 발간한 사사(社史)가 큰 도움이 되었다. 이들 사사를 읽어가면서 때로는 현대그룹의 눈부신 활동과 업적에 가슴이 벅차 오르기도 했다.

이 책은 60년대 후반부터 남보다 일찍 해외에 나가 몸소 체험하게 된 업무관련 내용을 에피소드 중심으로 정리한 이야기로, 개인이나 가족에 대한 사사로운 이야기보다는 대한민국 젊은이로서 그리고 현대그룹 조직의 일원으로서의 이야기가 중심에 있다.

이 책이 부디 대한민국이 어렵던 시절에, 한국의 에너지 그리고 한국인 특유의 역동성을 외국에서 유감없이 펼쳐 보인 젊은이들을 다시 상기시켜주는 창문의 역할을 해주었으면 한다.

사실 압축성장 초기에 다양한 방법으로 해외에서 활동한 산업역군들의 흥미롭고 독특한 체험담은 무궁무진할 것이다. 그렇지만 몇몇 성공한 창업주들의 자서전 성격의 책들을 제외하면 산업전선에서의 실제상황을 기록한 책은 의외로 많지 않다.

그래서 더욱 '기록은 그 시대를 살아 온 사람들의 의무' 라는 생각에서 발간한 이 책이 여러모로 부족하지만 당시 더불어 활동했던 산업계의 선배, 동료들이 자신들의 귀중하고 교훈이 될 만한 체험담을 기록으로 정리해 보는 자극제가 되었으면 한다. 그 같은 우리들의 기록이 세월과 세대를 뛰어넘는 이해와 소통에 큰 도움이 되리라 믿는다.

현대맨으로 세상을 누벼온 34년의 이야기!
등대 없는 바다를 날다

지은이　　음용기

1판 1쇄 펴낸날　2009년 8월 31일
1판 2쇄 펴낸날　2010년 10월 15일
1판 3쇄 펴낸날　2021년 3월 15일

펴낸이　　임순철
펴낸곳　　(주)아이스토리
　　　　　서울 영등포구 여의서로 43 한서빌딩 917호(여의도동)

전화번호　(02) 784-1110
출판등록　제3-1247호
e-mail　　arumse@naver.com
ISBN　　978-89-91404-26-7 03810

*책값은 뒤표지에 있습니다.
*잘못된 책은 교환해드립니다.
* 이야기꽃은 (주)아이스토리의 출판 브랜드입니다.